# 吳忠信日記

## （1950）

The Diaries of Wu Chung-hsin, 1950

# 民國日記｜總序

呂芳上
民國歷史文化學社社長

人是歷史的主體，人性是歷史的內涵。「人事有代謝，往來成古今」（孟浩然），瞭解活生生的「人」，才較能掌握歷史的真相；愈是貼近「人性」的思考，才愈能體會歷史的本質。近代歷史的特色之一是資料閎富而駁雜，由當事人主導、製作而形成的資料，以自傳、回憶錄、口述訪問、函札及日記最為重要，其中日記的完成最即時，描述較能顯現內在的幽微，最受史家重視。

日記本是個人記述每天所見聞、所感思、所作為有選擇的紀錄，雖不必能反映史事整體或各個部分的所有細節，但可以掌握史實發展的一定脈絡。尤其個人日記一方面透露個人單獨親歷之事，補足歷史原貌的闕漏；一方面個人隨時勢變化呈現出不同的心路歷程，對同一史事發為不同的看法和感受，往往會豐富了歷史內容。

中國從宋代以後，開始有更多的讀書人有寫日記的習慣，到近代更是蔚然成風，於是利用日記史料作歷

史研究成了近代史學的一大特色。本來不同的史料，各有不同的性質，日記記述形式不一，有的像流水帳，有的生動引人。日記的共同主要特質是自我（self）與私密（privacy），史家是史事的「局外人」，不只注意史實的追尋，更有興趣瞭解歷史如何被體驗和講述，這時對「局內人」所思、所行的掌握和體會，日記便成了十分關鍵的材料。傾聽歷史的聲音，重要的是能聽到「原音」，而非「變音」，日記應屬原音，故價值高。1970年代，在後現代理論影響下，檢驗史料的潛在偏見，成為時尚。論者以為即使親筆日記、函札，亦不必全屬真實。實者，日記記錄可能有偏差，一來自時代政治與社會的制約和氛圍，有清一代文網太密，使讀書人有口難言，或心中自我約束太過。顏李學派李塨死前日記每月後書寫「小心翼翼，俱以終始」八字，心所謂為危，這樣的日記記錄，難暢所欲言，可以想見。二來自人性的弱點，除了「記主」可能自我「美化拔高」之外，主觀、偏私、急功好利、現實等，有意無心的記述或失實、或迴避，例如「胡適日記」於關鍵時刻，不無避實就虛，語焉不詳之處；「閻錫山日記」滿口禮義道德，使用價值略幾近於零，難免令人失望。三來自旁人過度用心的整理、剪裁、甚至「消音」，如「陳誠日記」、「胡宗南日記」，均不免有斧鑿痕跡，不論立意多麼良善，都會是史學研究上難以彌補的損失。史料之於歷史研究，一如「盡信書不如無書」的話語，對證、勘比是個基本功。或謂使用材料多方查證，有如老吏斷獄、法官斷案，取證求其多，追根究柢求其細，庶幾還原

案貌，以證據下法理註腳，盡力讓歷史真相水落可石出。是故不同史料對同一史事，記述會有異同，同者互證，異者互勘，於是能逼近史實。而勘比、互證之中，以日記比證日記，或以他人日記，證人物所思所行，亦不失為一良法。

從日記的內容、特質看，研究日記的學者鄒振環，曾將日記概分為記事備忘、工作、學術考據、宗教人生、游歷探險、使行、志感抒情、文藝、戰難、科學、家庭婦女、學生、囚亡、外人在華日記等十四種。事實上，多半的日記是複合型的，柳貽徵說：「國史有日歷，私家有日記，一也。日歷詳一國之事，舉其大而略其細；日記則洪纖必包，無定格，而一身、一家、一地、一國之真史具焉，讀之視日歷有味，且有補於史學。」近代人物如胡適、吳宓、顧頡剛的大部頭日記，大約可被歸為「學人日記」，余英時翻讀《顧頡剛日記》後說，藉日記以窺測顧的內心世界，發現其事業心竟在求知慾上，1930 年代後，顧更接近的是流轉於學、政、商三界的「社會活動家」，在謹厚恂恂君子後邊，還擁有激盪以至浪漫的情感世界。於是活生生多面向的人，因此呈現出來，日記的作用可見。

晚清民國，相對於昔時，是日記留存、出版較多的時期，這可能與識字率提升、媒體、出版事業發達相關。過去日記的面世，撰著人多半是時代舞台上的要角，他們的言行、舉動，動見觀瞻，當然不容小覷。但，相對的芸芸眾生，識字或不識字的「小人物」們，在正史中往往是無名英雄，甚至於是「失蹤者」，他們

如何參與近代國家的構建，如何共同締造新社會，不應
該被埋沒、被忽略。近代中國中西交會、內外戰事頻
仍，傳統走向現代，社會矛盾叢生，如何豐富歷史內
涵，需要傾聽社會各階層的「原聲」來補足，更寬闊的
歷史視野，需要眾人的紀錄來拓展。開放檔案，公布公
家、私人資料，這是近代史學界的迫切期待，也是「民
國歷史文化學社」大力倡議出版日記叢書的緣由。

# 導言

王文隆

南開大學歷史學院副教授

## 一、吳忠信生平

吳忠信（1884-1959），字禮卿，一字守堅，別號恕庵，安徽合肥人。1900 年八國聯軍攻陷北京，光緒帝與慈禧太后西逃，鑑於國難而前往江寧（南京）進入江南將弁學堂，時年僅十七。1905 年夏天畢業後，奉派前往鎮江辦理徵兵，旋受命為陸軍第九鎮第三十五標第三營管帶，開始行伍生涯。隔年經楊卓林介紹，秘密加入同盟會。1911 年武昌起義，全國響應。林述慶光復鎮江，自立為都督，任吳忠信為軍務部部長，後改委為江浙滬聯軍總司令部總執行法官兼兵站總監。

1912 年元旦，孫中山就任中華民國臨時大總統，奠都南京，吳忠信任首都警察總監。孫中山辭職後，吳忠信轉至上海《民立報》供職，二次革命討袁時復任首都警察總監，失敗後亡命日本，加入孫中山重建的中華革命黨。並於 1915 年，在陳其美（字英士）帶領下，與蔣中正同往上海法國租界參預討袁戎機，奠下與蔣中正的深厚情誼。1917 年，孫中山南下護法組織軍政府，吳忠信奉召前往擔任作戰科參謀，襄助作戰科主任蔣中正，兩人合作關係益臻緊密。爾後，吳忠信陸續擔任粵軍第二軍總指揮、桂林衛戍司令等職。1922 年，

吳忠信作為孫中山的全權代表之一員，與段祺瑞、張作霖共商三方合作事宜。同年 4 月前往上海時，因腸胃病發作，辭去軍職，卜居蘇州。爾後數年皆以身體不適為辭，在家休養，與好友羅良鑑（字俉子）等人研究諸子百家。

1926 年 7 月，蔣中正就任國民革命軍總司令，誓師北伐，同年 11 月克復南昌後，邀請吳忠信出任總司令部顧問，其後歷任江蘇省政府委員、淞滬警察廳廳長、建設委員會委員、河北編遣委員會主任委員等職。1929 年，因國家需要建設，前往歐美考察十個月。1931 年 2 月奉派為導淮委員會委員，同月監察院成立，又任監察委員。1932 年 3 月受任為安徽省政府主席，次年 5 月辭職獲准後，轉任軍事委員會南昌行營總參議。1935 年 4 月擔任貴州省政府主席，次年 4 月因胃腸病復發加以兩廣事變，呈請辭職，奉調為蒙藏委員會委員長。自此主掌邊政八年，期間曾親赴西藏主持達賴喇嘛坐床、前往蘭州致祭成吉思汗陵，並視察寧夏、青海及新疆等邊疆各地。1944 年 9 月調任新疆省政府主席兼保安司令，對內以綏撫為主，對外應付蘇聯及三區（伊犁、塔城、阿山）革命問題，1946 年 3 月辭任後，任國民政府委員，並當選第一屆國民大會代表。

1948 年 4 月，蔣中正當選行憲後第一任中華民國總統，敦聘吳忠信為總統府資政，復於該年年底委為總統府秘書長。1949 年 1 月 21 日蔣中正引退後，吳忠信堅辭秘書長職務，僅保留資政一職。上海易手之前，吳忠信舉家遷往台灣，被推為中國國民黨中央非常委員會

委員，並任中國銀行董事、中央銀行常務理事。1953
年 7 月起，擔任中央紀律委員會主任委員。1959 年 10
月，吳忠信腹瀉不止，誤以為腸胃痼疾發作，未加重
視。不久病情加劇，乃送至榮民總醫院，診療結果為肝
硬化，醫藥罔效，於該年 12 月 16 日辭世。

## 二、《吳忠信日記》的史料價值

　　吳忠信自 1926 年任國民革命軍總司令部顧問時開
始撰寫日記，至1959 年辭世前為止，共有 34 年的日
記。其中 1937、1938 年日記存藏於香港，1941 年年
底日軍佔領香港時未及攜出而焚毀，因而有兩年闕佚
（1942.3.15《吳忠信日記》）。

　　《吳忠信日記》部分內容，例如《西藏紀遊》、
《西藏紀要》以及《吳忠信主新日記》曾先後出版，披
露其在 1933 年經英印入藏辦理達賴喇嘛坐床大典以及
1944 年出任新疆省政府主席之過程，其餘日記內容大
多未經公開。現在透過民國歷史文化學社的努力，將該
批日記現存部分，重新打字、校訂出版，以饗學界。這
批日記的出版，足以開拓民國史研究的新視角。

（一）蔣吳情誼

　　蔣中正與吳忠信的情誼在日記中處處可見。除眾所
周知的託其就近關照蔣緯國及姚冶誠一事外，蔣中正派
任吳忠信為地方首長的背後，也有藉信賴之人，安頓地
方、居間調處的考量。如吳忠信於 1935 年 4 月派為貴
州省政府主席，原以江南為實力基礎的南京國民政府，
得以將其力量延伸入西南，在當地推展教育與交通等基

礎建設，並透過吳忠信居間溝通協調南京與桂系關係，
從日記中經常記述與桂系來人談話可見一斑。而薛岳此
時以追剿為名，率中央軍進入貴州，在吳忠信與薛岳兩
人通力合作之下，加強中央對貴州的掌控，為未來抗戰
的後方準備奠立基礎。又如吳忠信於抗戰末期接掌新疆
省務，以中央委派之姿取代盛世才為新疆省政府主席，
一改「新疆王」盛世才當政時的高壓政策，採取懷柔態
度，釋放羈押的漢、維人士，並派員宣撫南疆，圖使新
疆親近中央，這都得是在蔣中正對吳忠信的高度信任
下，才能主導的。當蔣中正於 1949 年 1 月下野，李宗
仁代總統時，吳忠信居間穿梭蔣中正、李宗仁二人之
間，由是可見吳忠信在二人心中的特殊地位。直至蔣中
正於 1950 年 3 月 1 日「復行視事」，每個布局幾乎都
有吳忠信的角色存在。

（二）蒙藏邊政

　　吳忠信長年擔任蒙藏委員會主任委員，關於邊疆問
題的觀點與處置，也是《吳忠信日記》極具參考價值的
部分。吳忠信掌理蒙藏委員會，恰於全面抗戰爆發前至
抗戰末期，在邊政的處置上，期盼蒙、藏、維等邊疆少
數民族能在日敵當前的情況下，親近中央、維持穩定。
針對蒙藏，吳忠信各有安排，如將蒙古族珍視的成吉思
汗陵墓遷移蘭州，以免日敵利用此一象徵的用心。對於
藏政，則透過協助班禪移靈回藏（1937 年）、達賴坐
床大典（1940 年 2 月）等重要活動，維護中央權威，
避免西藏藉英國支持而逐漸脫離中央掌控。1940 年 5
月於拉薩設置蒙藏委員會駐藏辦事處是最成功的宣示，

力採「團結蒙古、安定西藏」的策略，穩定邊陲。吳忠信親身參與、接觸的人面廣泛，對於邊事的觀察與品評，值得讀者深思推敲。

（三）貫穿民國史的觀察

長達 34 年的《吳忠信日記》，貫穿了國民政府自北伐統一、訓政建國、抗日戰爭到國共內戰，以及政府遷台初期的幾個重要階段。透過吳忠信得以貼近觀察各階段的施政重心與處置辦法，以個人史或是生活史的角度，觀察黨政要員在這些動盪之中的處境、心境與動態。更能搭配其他同樣經歷人士的紀錄，相互佐證。

### 三、日記所見的個人特質

日記撰述，能見記主公私生活，從中探知其性格與思維，就日記的內容來分析，或許能得知吳忠信的個人特質。

（一）愛家重情

吳忠信的愛家與重情，有兩個層面，一是對於家族的關懷，一是對於鄉誼、政誼的看重。家人一直都是他的牽絆與記掛，他與正室王惟仁於 1906 年結婚，卻膝下無子。在惟仁的寬宏下，年四十迎娶側室湘君，1926年初得長女馴叔，嘗到為人父的喜悅。爾後湘君又生長子申叔，使得吳家有後，但沒過多久，湘君竟因肺炎撒手人寰，年方二十五，使得吳忠信數日皆傷心欲絕，在日記中曾寫道：「自伊去後，時刻難忘。每一念及，不知所從。」（1932.12.31《吳忠信日記》）爾後吳忠信經常前往湘君墳上流連，一解思念之情。湘君故後，吳

忠信又迎娶麗君（後改名麗安），生了庸叔、光叔兩
子。不過吳忠信與麗安感情不睦，經常爭執，在日記中
多次記下此事的煩擾。吳忠信重視子女教育，抗戰勝利
後，馴叔赴美求學，嫁給同樣赴美、專攻數量經濟學的
林少宮，生下了外孫，讓吳忠信相當高興。1954 年，
或因聽聞林少宮將攜家帶眷離美赴大陸，吳忠信並不贊
成，不斷去函馴叔勸其留在美國，如果一定要離開，也
務必來台。同年 8 月 6 日，吳忠信獲悉馴叔一家已經離
開美國，不知所蹤，從此以後，日記鮮少提到這個疼愛
的女兒。這一年年末在日記的總結寫道：「最煩神是
子女問題，尤其家事真是一言難盡。」表現出心中的
苦悶。

　　吳忠信相當看重安徽同鄉，安徽從政前輩中最敬重
的要屬北京政府國務總理段祺瑞，兩人政治立場並不相
容，但鄉誼仍重。吳忠信自段祺瑞移居上海後，經常從
蘇州前往探望，段祺瑞身故時，也親往弔祭。對於同
鄉後進，無論是在政界或是學界，多所關照，願意接
見、培養或是推介，因此深為鄉里所敬重。如 1939 年
在段祺瑞女婿奚東曙的引介下，會晤出身安徽舒城的孫
立人，在當天的日記中寫道：「〔孫立人〕清華大學畢
業後，赴美國學陸軍，八一三上海抗日之後，身負重
傷，勇敢可佩。此人頭腦清楚，知識豐富，本省後起之
秀。」（1939.9.28《吳忠信日記》）頗為欣賞。或許是
命運的作弄，當 1955 年爆發郭廷亮匪諜案時，吳忠信
恰為九人調查委員會的一員，於公不能不辦，但於私仍
同情孫立人的處境，認為他「一生戎馬，功在黨國，得

此結果，內心之苦痛，可以想見，我亦不願多言，是非曲直留待歷史批評」。

吳忠信同樣在乎的還有政誼，盡力多方關照共事的同事。如羅良鑑不僅是他生活的良伴，也是與他同任安徽省政府委員的至交，兩人都在蘇州購地造園，經常往來。爾後，吳忠信主政安徽省、貴州省與蒙藏委員會時，羅良鑑都是他的左右手，離任蒙藏委員會時，更推薦羅良鑑繼任。1948 年 12 月 21 日，羅良鑑夫婦自上海前往香港，飛機失事罹難，隔年骨灰歸葬蘇州。吳忠信在蔣、李兩方居間穿梭繁忙之際，特地回到蘇州參加喪禮，深為數十年好友之失而悲痛，可看出吳忠信個人重情、真誠的一面。

（二）做人做事有志氣有宗旨

吳忠信曾經在 1939 年元旦的自勉中，自述「余以為做人做事，必有志氣，有宗旨，然後盡力以赴，始可有成。」另亦述及「自入同盟會、中華革命黨而迄于今，未敢稍渝此旨。至以處人論，則一秉真誠，不事欺飾，對於人我分際之間，亦嘗三致意焉。」這是他向來自持的。就與蔣中正的關係而論，自詡亦掌握此一原則，他在同日又記下：「余與蔣相處，民十五後可分三個階段，由十六年起至十八春出洋止，以革命黨同志精神處之；由十九年遊歐美歸國起至二十一年任安徽省主席以前止，則以朋友方式處之；由安徽主席起以至于今，則以部屬方式處之。比年服務中樞，余于本身職掌外，少所建議，于少數交遊外，少所往還，良以分際既殊，其相處之標準，不可不因之而異也。余在過去十二

年來，因持有上述之宗旨與標準，故對國事，如在滬、
在平、在皖、在黔及目前之在蒙藏委員會，均能振刷調
整，略有建樹，絲毫未之貽誤；對友人如過去之與蔣，
雖交誼深厚，然他人則與之誤會叢生，而余仍能保持此
種良好關係，感情日有增進，而毫無芥蒂。……即無論
國家之情勢若何，當一本過去，對國竭其忠、對友竭其
力，如此而已。概括言之：即「救國」、「助友」兩大
方針是也。」

　　由此可知，在吳忠信待人之原則，必先確認兩人之
關係，進而以身分為斷，調整相待之禮。他長時間服務
公職，練就出一套為公不私的原則，經常在日記中自記
用人、薦人之大公無私，此亦為其「救國」、「助友」
之顯現，常以「天理、國法、人情」與來者共勉。

## 四、結語

　　吳忠信於公歷任軍政要職，於私是家族中的支柱。
公私奔忙之餘，園藝之樂，或許才是他的最愛。他常在
一手規劃的蘇州庭園裡，親自修剪、坌土，手植的紫
藤、楓樹、柳樹、紅梅、白梅等在園中，隨著季節的
變化而映放姿彩，園林美景是他內心的慰藉。吳忠信
1949 年回蘇州參加羅良鑑夫婦葬禮後，短暫地回到自
宅園林，感嘆地寫道：「園中紅梅業已開散，白梅尚在
開放，香味怡人。果能時局平定，余能常住此園以養殘
年，余願足矣。」（1949.2.21《吳忠信日記》）可惜，
這是他最後一次回到蘇州，之後再無重返機會，願與
天違。

　　這份與民國史事有補闕作用的《吳忠信日記》並非
全出於其個人手筆，部分內容為下屬或親屬經其口述謄
寫而成。1940 年，他就提到：「余自入藏以來，身體
時常不適，且事務紛繁，日記不時中斷，故託纕蘅兄代
記，國書姪代繕。」（1940.1.23《吳忠信日記》）且在
記述中，也有於當日日記之末，囑咐某一段落應增添某
公文，或是某電文的文字，或可見其在撰述日記之時，
便有日後公諸於世的預想。或許是如此，吳忠信在撰寫
日記時，不乏為自己的行動辯白，或是對他人、事件之
品評有所保留的情況，此或許是利用此份日記時須加以
留意的地方。

# 編輯凡例

一、 本社出版吳忠信日記，起自 1926 年，終至 1959 年，共 34 年。其中 1926 年日記為當年簡記，兼錄 1951 年補述版本；1937 年至 1938 年於太平洋戰爭爆發後，其家人逃離香港時焚毀，僅有補述版本。

二、 古字、罕用字、簡字、通同字，在不影響文意下，改以現行字標示。

三、 日記中原留空白部分，以□表示；難以辨識字體，以■表示。編註以【】標示。

四、 作者於書寫時，人名、地名、譯名多有使用同音異字、近音字，落筆敘事，更可能有魯魚亥豕之失，為存其真，恕不一一標註、修改。但有少數人名不屬此類，為當事人改名者，如麗君改名麗安、曾小魯改名曾少魯等情形，特此說明。

# 目錄

# 1950 年（民國 39 年）　67 歲

## 1月1日　星期日

　　今日元旦係陰曆十一月十三日，民國元年元旦亦係十一月十三日，何巧合也。很希望今年元旦亦如民國元年元旦，一元復始，萬象更新。值此我國大陸人民日在恐怖饑餓之際，我們實在沒有輕快心情來過年，只有向天老爺為大多數苦難同胞求福，希望從黑暗中露出光明。今年是亞洲嚴重關頭，亦是全世界共產主義與資本主義加強冷戰，或即第三次大戰暴發之年，我政府與人民應深切注意。上午九時十五分，蔣總裁偕我等乘汽車，由日月潭出發，冒雨下山。經埔里，于午十二時抵霧社（即新名仁愛鄉），與高山族共度快樂元旦。午後二時去春陽參觀高山族村落，該族文化落後，生活簡單，惟日人所種櫻花、梅花亦已開放。又沿途所見農事甚忙，間有分秧，不似江南歲暮春寒，最適宜于年老人避寒之所。迨回抵日月潭，已燈火輝煌矣。查霧社（仁愛鄉）地方雖小，惟因民國十九年霧社大事變為世所聞名。緣日本人壓迫該族過甚，該族不得已起而暴動，殺死日本人數百人，有說近千人，日人調動陸、空兩軍大舉剿辦，高山族死亡更甚。今日與蔣總裁同乘汽車去霧社，有數小時，談話機會很多。尤以述及湘、淮兩軍用少壯將領劉錦堂、劉銘傳收復新疆，剿平捻匪，而左文襄、李文忠身為統帥，並未親自出馬督戰，信用錦堂、銘傳，成此空前事業，我們亦應信用少壯將領，復興國家。總裁深以此段話為然。

## 1月2日　星期一

今日連天大雨，未能出門遊覽。除陪同總裁共進午餐、晚餐後，都是參加總裁與各幹部（有陳立夫、洪蘭友、谷振綱、鄭彥棻、黃少谷、張其昀、陶希聖、蔣經國）討論改革黨務。各幹部主張有兩案：

甲、徹底改革，從新組織。

乙、保留國民黨名稱，內容改造。

此兩案各有利害，總裁指示先準備人才，再行改造。國民黨實在腐化無能，遺誤國家，必須改革，我是贊成乙案的。不管如何改革，如仍然用過去這般人，又何必多此一舉。

## 1月3日　星期二

昨夜大雨。今日與蔣總裁午飯時，陳立夫諸同志仍報告改造黨務事。我引一段中華革命黨歷史，略謂自癸丑年（民國二年）討袁軍事失敗後，國民黨人在國內無立足地，有錢者走歐美，其次走南洋，再其次走日本。大多數同志認為目前無法繼續革命，只有中山先生主張革命不能停止，須立即進行。我們在日本諸同志贊成中山先生主張，因當時國民黨內容複雜，無法繼起，所以組織中華革命黨，改五色旗為青天白日滿地紅國旗，青天白日二色旗為黨旗。嗣各同志多潛回內地，積極奮鬥，先後三年犧牲者不計其數。當第一次歐洲大戰爆發時，在南洋及歐洲，原來國民黨人組織歐事研究會，推舉老官僚、政學系首領為領袖，此領袖為誰，就是大名鼎鼎岑春萱（號雲階，廣西西林人）。至民國四年

十二月五日，陳英士先生與我們在上海舉義（即肇和起事），雖告失敗，但影響很大。適當時研究系梁起超反袁稱帝，逃亡雲南，遊說雲南獨立討袁，而政學系及歐事研究會以為有機可乘，運用兩廣響應雲南，推舉岑春萱為西南軍務院總裁。蓋中華革命黨係秘密革命的組織，內地各省未能深知中華革命黨青天白日旗之底蘊，多以舊國民黨與五色旗響應西南，我們數年犧牲與辛苦，為投機取巧研究系、政學系不勞而收獲。當是時，山東、四川等地，仍懸青天白日旗而奮鬥，我們應該再接再厲。不料黨內有人力主取銷青天白日旗，仍用五色旗，與西南軍務院岑西林合併，再與北洋派妥洽，陳英士先生與我們極力反對。我曾向中山先生云，我們不要投降，就是要投降，可以直接投降，為何經岑西林之手間接投降。我當時年輕，說話太直，中山先生聽我這番話，表情很不愉快。迨英士先生遇難後，與岑合作，竟告成功，我們毫無所得，徒為岑增強勢力，投降北洋派，這是中革命黨最大失敗。後來中山先生因國民黨三字深應社會人心，尤其是華僑，所以再改回國民黨名稱。我們此次改造黨務，我是萬分贊成的，如改用新的名稱，不可再蹈中華革命黨之覆轍。總裁以及在坐諸同志，都以我這段話為切當。今日（三日）午後四時，與蔣總裁乘船遊湖，我順便發表當前政局之意見：

（1）如維持法統，必須復總統位，否則不能指揮行政。至于李代總統回來與否，都有問題。

（2）廣西軍事既已失敗，白建生既來台北，請總裁加以詞色，以安其心。

（3）陳辭修治理台灣，頗有成績，深得人心。惟各方
　　　意見太深，必要海、陸、空三軍團結，方能爭取
　　　美援，確保台灣，反攻大陸。現在一切以爭取美
　　　援為唯一之原則。

與總裁晚餐後，我表示擬明晨回台中，總裁約我于明日
午後一同下山。得台中家中來電話，馴叔由美國來函
云，已于十二月廿二日與林少宮接婚。聞之十分快慰，
從此我責任減輕，這是我家最大一件事。據馴叔來函報
告，林之家世及其態度，我十分滿意。查十二月廿二日
即陰曆十一月初三日，是馴叔生日，又是冬至，不但巧
合，而且喜上加喜。

## 1月4日　星期三

　　　上午十時總裁偕我與張岳軍遊湖，先乘小舟至水電
出水口，再乘汽艇歸來。在小舟中研究將來與日本友好
諸問題，擬請張岳軍赴日一行。午飯後，一時十五分下
山。車中談建立經濟、金融制度，發展工業，徹底改革
金融，打倒買辦階級，打倒少數私人利益，減少大眾饑
餓。在政治方面，必須推行民選縣長，必定要使人民耳
目一新，復興前途，方有希望。總裁問我經濟、金融如
何改革，答請專家擬具多種方案，以備採擇。三時三十
分到台中車站，總裁乘火車于三時五十分往台北。我擬
在台中修息數日，再往台北。

## 1月5日　星期四

　　　上午與前青島市長李先良談話。李在青島時，與美

海軍司令白吉爾等往來情形，及與一般美人感情，現在
尚可與他們聯絡，幫助台灣。我請他進行，並擬介紹與
郭寄嶠等見面。李係蘇州文人，抗日期間在山東嶗山一
帶打八軍遊擊戰，牽制日軍數萬人，功在國家。

## 1 月 6 日　星期五

　　上午陳立夫以及前瀋陽市長董文琦、前安東省主席
高惜冰等來晤。談東北失敗在人事，尤其未能收編偽滿
軍隊，現在中共在南方與國軍作戰，很多是由東北調
來的。總之中央派接收東北大員未能慎選，是失敗之
主因。英國今日繼印度之後承認北京中共政權，與國
民政府斷絕外交關係。英國是中國朋友，亦是第二次世
界大戰盟友。當中國苦戰日本時，英國討好日本，關閉
滇緬路，斷絕中國海上最後生命線，嗣日人進攻英國，
英又重開滇緬路。今為討好中國共產黨，承認其政權，
確信總有一天再度需要國民黨。中共究竟對英國反應如
何，且看下回分解。蓋中國自鴉片戰爭以來，百有餘年
受帝國主義之侵略，而英帝國主義是領導侵略者，不但
中國受其侵略，全世界都受其侵略。此種見利忘義之大
英帝國，如不崩潰，實無天理。我們有五百萬大軍，被
人打敗，整個大陸，一年淪陷，亦要自己承認腐敗無
能，從速改進。

## 1 月 7 日　星期六

　　上午訪陳果夫兄，他是帶病延年，最近身體較為進
步。他與談肇和起義歷史，我允俟有暇，可以詳細記

出。本市陳市長招待晚餐，有孔子後孫孔德成諸君
在坐。

## 1月8日　星期日

上午接晤兵團司令劉安琪兄，他所部新由海南島調
來台中一帶駐防，所有官兵多是山東籍。我告他國軍失
敗在無團結，貴部既有現成團體，應再加強團結，則前
途必大有可為。

## 1月9日　星期一

再與李先良談美外交，他擬日內赴台北，與美國外
交當局見面。

## 1月10日　星期二

美國援助台灣，始終意見不能一致。國防部體系及
駐日統帥麥克爾瑟，認為台灣對美國有戰略關係，主張
援助。而國務院方面，認為武力冒險援助，得不償失。
民主、共和兩黨爭論更尖銳化，民主黨同情國務院，共
和黨同情麥克爾瑟元帥。而杜魯門認為中國本身有足夠
武器和武力防守這個堡壘，經濟上可以幫助。國務院申
明，聘請美國退役軍人為顧問亦是可以的。總括各方情
形，美國可以有限度援助的。我們本身如不改變作風，
明白是非，就是美援助，亦是沒有用的。

## 1月11日　星期三

台灣孤懸海外，不能單獨長久生存，正如古人所謂

「燕巢帷幕，魚游沸鼎」。近旬以來，由于內外各種因素，以致一向平靜人心，又泛起洶湧不安。就我看來，尚未到如此悲觀地步，這都是特殊階段與失敗主義心理不安造成。

## 1 月 12 日　星期四

吳鑄人兄家住台南，因赴台北，道過台中。今日上午來談內外形勢，彼此認為只要團結與努力奮鬥，前途大有可為。他擬推舉蒙人劉連克為蒙藏委員會副委員長，我告他周彥龍現正在辭委委長。我並向吳表示，在中央負邊疆黨務的人，未能盡責。

## 1 月 13 日　星期五

今午後三時，本市陳市長陪我回拜台中市參議會議長黃朝清、副議長林金標。據林君云，台灣此次徵兵，應徵者十分熱情。他（林）送他兒子往鳳山入營，親見新兵住屋太小，連沐浴地方都沒有，而飲食更為粗劣，常此情形，很阻擾下次徵兵。當告以當向政府轉達，從速改良待遇。

## 1 月 14 日　星期六

東北籍立法委員齊世英兄上午來訪。他留學日本，深知該國情形，研究如何恢復中日社會關係。他在不久以前，用旅行名義到過日本，並與吉田首相見面，他想設法援助吉田政黨經費。我曰國民黨因援助美國共和黨，招在朝的民主黨反對，因此影響美國援助台灣，如

援助日本某一政黨，必須深深考慮也。

## 1月15日　星期日

　　美國因援助台灣，鬧得滿城風雨，意見紛歧，影響
台灣甚大。美國無定駐所大使傑塞普，今日由日本經琉
球飛抵台北，與我朝野人士交換意見，然後回國報告國
務院，決定對台灣的態度。據我推測，經濟援助是有多
多少少的，至出兵援助，非一時可以做到的。必須我們
自己站得穩，纔有資格請人家幫忙。

## 1月16日　星期一

　　美國國務院十四日宣佈，中共已經佔領美國駐北平
領事館，置美國政府抗議于不顧。美國將召回共區全部
官員，停閉中國大陸各領館。由于中共侵佔美領館一事
實，已紛碎一切民國家對共黨的幻想。

## 1月17日　星期二

　　中國科學落後，民智未開，值此科學式思想鬥爭大
時代，以致全國秩序大混亂、大恐慌、大饑餓，老百姓
遭遇萬劫難復的狀態。惟一希望一般自命知識份子，拿
出良心來，根據三民主義的社會政策，首先安定社會秩
序，然後再做幾件差強人意的事。例如必須打倒個人獨
享主義，以國家利益分配與人人，用累進稅率、普及教
育、大企業國營等等，這是最低限度，而政治民主，尤
為重要。

## 1 月 18 日　星期三

現正嚴冬三九，長江一帶最冷時候，但台中今日非常暖和，如同夏季。桂花開放，香味怡人。

## 1 月 19 日　星期四

監察院全體委員通過指責李代總統電，中有于戰局危岌之際，遠離中樞，稱病出國，人心惶惑，公論交責。在先生以為政府照料有人，且可隨時請示，但重洋遠隔，何能因應事機。由此所造成之違法失職事件，其將何以辭其咎，祈速為明白表示云云。李氏此次行動頗招物議，其咎由自取，以一個不懂政治武人為國家領袖，當然失敗的。

## 1 月 20 日　星期五

美國眾議院昨日（十九）以一九三票對一九一票，兩票多數否決以六千萬經濟援助繼續給予韓國的法案，世界驚異。反對者不滿政府遠東政策之表示，認為美國既不願協助對美國防務重要的台灣，而被蘇聯包圍的韓國，為什麼應該得到美援。蓋自大戰結束以來，美政府議案在國會遭遇挫折，尚以此為首次，這是美政府外交政策十年來所遭受第一次主要失敗。此不獨兩黨一致外交路線已告分裂，甚至民主、共和兩黨內部亦不一致，這是民主美國最不幸的一件事，亦是在朝的民主黨過于專斷之結果。再從另一方面觀察，則可視為美國一般民意之反映，要求採取通盤的極積的遠東政策者。至美國遠東政策刻已瀕臨決定之邊緣，預料美政府為補救此案

計，勢必將援韓、援華同時並舉。如中國得到美援，仍
不能團結奮鬥，豈不辜負美援。

## 1月21日　星期六

台北來人云，很多人因內外環境沉悶，心緒大感不
安。這都是特殊階級的人心理，亦就是庸人自擾，亦是
失敗主義者。

## 1月22日　星期日

回看同鄉王培仁、路錫祉（介繁）等。王的夫人現
任此間女子中學校長。

## 1月23日　星期一

顧參謀總長墨三（祝同）由台北來電話，約我赴台
北共商時局，我不擬前往。

## 1月24日　星期二

洪秘書長蘭友來電話云，非常委員會明日（廿五）
上午開會，中央常會廿六日（星期四）開會，約我出
席。我因患風疹塊，不能前往，託代請假。尤以現在內
外情勢，如大的問題不能擬訂，則任何會議，都是無結
果的。所謂大的問題者，就是蔣總裁與李代總統之出
處，與夫黨的改造、政治革新、軍事整理等等。

## 1月25日至2月3日　星期三至星期五

從昨日（廿四）起患風疹塊，今日（廿六）更奇

癢，一連四日，夜不能眠。請台中醫師公會會長巫永昌
醫師打針，日漸減輕。至卅日沈宏烈先生來訪，他久患
此病，經驗很多，並送他常服的丸藥，食之頗見效，從
此好轉，現在有時仍癢起塊。據本地人云，此間因天氣
暖熱，患此病甚多。我因數日辛苦，痔疾復發，真是
一波未平，一波又起。近旬以來，國際間有幾件令人注
意事：

一、中共毛澤東與周恩來，在莫斯科與蘇聯政府會議赤
　　化世界計劃。

二、美國四參謀首長，在東京與麥克爾瑟將軍會商加強
　　美國遠東防務。

三、蘇聯承認安南胡志明政府，法國抗議，蘇聯不接
　　受，造成法、蘇間之緊張關係。

四、美國杜魯門總統宣佈，製造氫原子彈，以求世界
　　和平。

就以上情形推測，因國民黨在大陸失敗，中共得勢，亞
洲局面日漸緊張。然國際間各有利害、各有矛盾，究竟
演變到如何程度，殊難預定。總之國際間白熱化，是一
定的。


## 2月4日　星期六

　　近兩日天氣轉寒，穿棉袍可矣。昨夜身體仍癢，出
零星風疹，至夜十二時，食止癢藥，始能安眠。今日是
立春，上年立春亦是二月四日，但是星期五，是陰曆正
月初七日，我由上海飛南京奔走團結。事隔一年，大陸
全部淪陷，退守海島，此皆人謀不臧，令人不堪回首。

## 2月5日　星期日

申叔因檢查身體及接洽出洋讀書事，本日隨曾伯雄兄赴台北。昨夜風疹仍癢，不能安眠，今日胃痛復發。

## 2月6日　星期一

李代總統自監察院指責他違法失職，李復電措辭，更使人不滿，全國輿論對李很多批評。最近國民大會聯誼會電李指責他違憲誤國，請他明白答復。這都是咎由自取。

## 2月7日　星期二

同鄉王培仁兄（六安人）來晤，託我代謀教育部次長，我允俟改日赴台北時與杭部長面談。王曾經任立法委員及水利部次長。

## 2月8日　星期三

中共新華社消息，長江以北有一千六百萬人無衣無食，值此嚴冬之際，其悲慘不堪設想。但大陸上如此情形，何止江北而已哉，人民何辜，遭此浩劫。

## 2月9日　星期四

風疹塊雖日有進步，白天已無問題，惟夜間仍發癢起塊，不能安眠。又連日胃病復發，飲食減少。凡是老年的人，在平日雖身體強壯，但亦有病痛，必百病叢生。

## 2 月 10 日　星期五

王懋功（洞臣）兄本日由台北回台中，午後來晤。據云在台北台會見朋友很多，對于時局一籌莫展，多持悲觀論調。

## 2 月 11 日　星期六

李崇年兄本午由台北來台中，問候我的起居，即下榻我家，暢論時局。他認為台灣經濟在半年內無問題，軍事亦無問題，惟政治糾紛太多，而過去大陸失敗作風迄未能改，這是最值得顧慮。李對我個人生活十分關切，深為感激。

## 2 月 12 日　星期日

李崇年兄中午回台北，他主張我出任農民銀行董事長。他的盛意可感，我尚無此興趣。在去年五月間，蔣先生曾以該董事長要我擔任，我當即辭謝。

## 2 月 13 日　星期一

昨日台北來電話，蔣總裁約我即日往台北一晤，我因風疹與痔疾未愈，不能前往。今日洪秘書長蘭友來電話，擬以非常委員會各委員名義電請李代總統回國，徵同意，我贊成。

## 2 月 14 日　星期二

監察院再電李代總統，敦促明確表示態度，如不體念危局，無異自絕于國人，決克盡職責，肩負起人民之

付托。又監院會議即將審查彈劾代總統案，決議後正式
向國民大會提出。似此情形，關于此事，日漸擴大，
這是李代總統不懂憲法與憲政為何物，尤其是不聽正人
言，俗語「人引不走，鬼推飛跑」。申叔今午由台北回
抵台中。

## 2月15日　星期三

回拜孔子奉祀官孔德成，及台灣防衛副司令官闕漢
騫（撥雲）及李毓萬（青選）等。台省參議會議長黃朝
琴回台南新營原籍過年，路過台中，晚間來訪。因黃朝
琴兄老母信佛，特贈西藏古佛一尊，西藏古佛一軸，此
皆台灣希有之品。

## 2月16日　星期四

中共與蘇聯在莫斯科簽定三個文件：

一、中蘇卅年友好同盟互助條約。其中最重要「締約國
　　任何一方受到日本或與日本同盟的國家之侵襲，締
　　約國另一國家即盡其全力給予軍事及其他援助」，
　　就是防日抗美。

二、關于中國長春鐵路旅順口大連協定。根據此協定，
　　在對日和約締結後，立即實現，但不遲于一九五二
　　年末。

三、關于蘇聯貸款中共三億美元（五年分交），作為由
　　蘇聯購買工業與鐵路的機器製造工廠等設備，中國
　　將以原料、茶、現金、美元等付還貸款及其利息。

中外輿論認為真正內容一定苛刻，尤其是美國友方認為

宣傳攻勢，決非俄國願意退出東北，日本認為大戰更形接近，何況蘇聯向來不守條約信用。

## 2 月 17 日　星期五　庚寅年元旦

日本人統治台灣五十年，關于台灣風俗習慣，凡不防害日人統治者，一律聽其自然，甚至加強迷信，所以台灣過陰曆年習慣較內地更甚。今日陰曆正月初一，家家放砲燭，拜新年，異常熱烈。陳果夫夫婦、立夫夫婦、陳市長夫婦、蔣偉國夫婦、李先良夫婦、闕漢騫、翁如新、劉波鳴、吳南山、彭醇士，以及蘇警察等等，均到我家來拜年，情緒溫和，誠為庚寅年之吉兆。

## 2 月 18 日　星期六

我近日風疹，仍未愈，胃病復發，難進飲食，體重減輕。今日上午免強出門，回拜新年。

## 2 月 19 日　星期日

胃病、風疹既未愈，而腰痛又發，飲食更難進，精神大為不佳。

## 2 月 20 日　星期一

連日夜不能眠，因風疹塊經四星期之久，又加近日寒冷，所有過去病痛，一齊復發。我素來能睡、能食、腰健，近日不能睡、不能眠、腰痛。就哲理而論，某一部堅強，往往某一部先失敗。自今晚起，開始吃安眠藥。

## 2月21日　星期二

於達（憑遠）夫婦上午來拜年。我任新疆主席時，於任保安司令部參謀長兼省府委員，與我感情很好，嗣後於任胡宗南副長官。據於云，胡部尚有三萬人，在西昌遊擊戰，在五月以前，風氣寒冷，大雪封山，敵人不能前進，若如援救辦法，則五月後，必定危險。最近關于李代總統問題，台北紛來電話，要我前往商量。草山蔣經國亦來電話，轉述總裁意，問候病況，希望能于廿三日到台北。我因病未愈，不克前往。

## 2月22日　星期三

李先良兄介紹陸軍第五十軍、第九十一師少將師長高芳先（天佐）來見。高山東人，約卅六歲，行伍出身。高係隨李先良于抗日期間在膠東打遊擊戰起家，所部都是山東土住良民，堪稱為子弟軍隊。高本人寡言篤實，帶兵與作戰經驗豐富，當此時際，正需要此種將官、此種軍隊。

## 2月23日　星期四

中央非常委員會曾電請李代總統早日回國，並說明如不能于本屆立法院集合前（廿四日）來台，則非常委員會將請蔣總裁繼續行使總統職權。代總統覆電，仍不能表示返國確期。而各級民意代表均一致表示，當此危急之秋，中樞不可無人領導，李代總統既遲遲不返，蔣總統之復職，不僅眾望所歸，且亦事實所需要。國內政局已屆攤牌前夕，蔣總裁復位總統，似已成定局，僅時

間遲早問題。

## 2 月 24 日　星期五

省參議會議長黃朝琴兄回台南原籍過新春，今日回台北，路過台中，午後來暢談。他說人家都說他是台灣大資本家，其實不然，他祖宗遺產土地很多，確是大地主，因政府三七五減租，收入有限。他對政治表示消極，省參議長地位都想辭去，這亦是本地方人做本地方事，不得已之情形也。

## 2 月 25 日　星期六

曾伯雄昨日由台北回來，轉述台北朋友希望短期內赴台北一行，我擬明日前往。昨日立法院開會，全體立法委員三百卅餘人聯名，敦請蔣總統繼續行使職權，挽垂危局勢。就一般形勢，蔣有不得不出山負責之勢。

## 2 月 26 日　星期日

偕麗安乘中午十二時四十分車赴台北，下榻台北招待所。車中並遇闕司令漢騫，暢談歷史。近日胃病日漸好轉，仍不能食硬物，腰痛亦較前好轉。

## 2 月 27 日　星期一

蔣總裁約我上午十一時半赴草山見面，我準時前往。蔣首先詢問復位總統事，我答復大意：
一、復位總統空氣已到最高峰，有無風波不必顧慮。譬如一個大船已經受傷，現在必需繼續航行，當然

希望沒有風浪，果有風浪，亦是要航行的。蔣曰
很對。

二、社會對總裁感想與從前不同，都認為總統如不引
退，大陸上或不致完全失敗，就是失敗亦不致如此
之速。現在台灣孤懸海上，危急萬分，亦非總裁出
山無法挽回。

三、由大陸退到台灣，一般心理最迫切是在求生存，這
個政治要價是很底的。蔣曰一定復位，仍請你做總
統府秘書長。我堅辭。蔣曰你不做何人做。我曰老
少同志很多。蔣曰究以何人為宜。答曰再研究。我
又曰張其昀先生學問淵博，不可多得之才。總裁對
張亦頗多嘉許，並云張是書生本色。

我告總裁，李先良前在青島任市長，頗有成績，且與美
國官員往來，感情甚佳。如柯克上將、布恩少將、現任
航空母艦司令駐西太平洋白吉爾中將、謝白爾少將，及
現任美國駐台大使代辦司樞安等都是先良好友。先良可
以在外交上從旁幫忙，如反攻大陸，他可再到山東打遊
擊。時已過午，即共進午餐，在坐有王亮籌、張岳軍、
陳立夫、劉建群、端木愷等。亮籌對于總統復位事，認
為在法律上不生問題的。亮籌係世界有名法學家，此一
表示，更使總統復位加強決心。午後四時訪白長官建生
兄，彼此對于李代總統行動均表嘆惜。我強調前次我倆
商定蔣、李在重慶見面，李既許可，蔣即去渝，李不往
渝反出洋，太失信用，我們無法交代。現在只有照我倆
在重慶所商辦法，蔣復總統位，李以副總統名義代表總
統訪問美國，所需經費由中央接濟，倘另生枝節，與李

沒有好處的，請白告李。白問總裁究竟復位與否，告以一定復位。白又談及西南軍事，他說將來美國援法越，再運法越轉援西南，則滇桂成立數十萬軍隊是很容易的。計談四十分鐘。

## 2 月 28 日　星期二

蔣總裁上午約我們到草山談話，計到有閻百川、張岳軍、谷振綱、洪蘭友、陳立夫、陶希聖、黃少谷、張其昀、吳鐵臣、蔣經國等。總裁再提復位總統，詢問大家意見，各有表示。我說關于總統復位，從昨年四月杭州會議一直到現在，不斷研究，所有利害，諸位同志都已深知是有利有害的，我始終認為此事要請總裁自下決心。各人發言後，總裁遂決定三月一日復位，並研究復位文告，以簡單重懇為原則，並決定本日午後二時召開中央常務會議。至十一時散會。午後二時至台北賓館出席中央常務會議，全體委員一致請復位，並研究復位後作風。總裁接受意見，宣告三月一日復位。顧墨三夫婦到台北招待所來訪，並談及一般軍政情形，認為繼任行政人選，最為複雜。本日午後二時遷住和平東路一段乙字九號，此屋省政府新造，暫時借用，家具係長官公署代辦的，計有地板平房大小五間，另廚房。

## 3月1日　星期三

本日上午十時到總統府禮堂，參加蔣總統復位儀式。蔣總統親自宣佈復行視事，繼續行使總統職權文告，儀式簡單隆重，八分鐘之時間，儀式即告完成。從此中樞有主、三軍有帥，際此危急存亡之秋，惟望負責諸公，一德一心，協贊總統，救民水火。昨日為吳稚輝老先生八十六歲壽誕，我于今日上午十時卅分前往補祝。約五分鐘，蔣總統亦到吳宅，報告吳老先生業已復總統位。我三人並合攝一影，以留紀念。

## 3月2日　星期四

今日上午回拜諸友好，在墨三家午餐。晚八時蔣總統招待晚餐，在坐有白建生、顧墨三、陳辭修、周志柔、郭寄嶠諸高級將領，以及張岳軍、徐次辰諸兄。餐後我與岳軍再與總統談話，以現任行政院長既已辭職，繼任人選應早決定，所提之人總以立法院易于通過為原則。總統屬意陳辭修。我曰如提辭修，必須與現任台省主席吳國楨先求量解，必須與各派系說明，以免法發生困難。

## 3月3日　星期五

李代總統在美國宣佈，對于蔣總統復位之舉，實屬非法，並宣稱己為總統（不用代字）至第一屆總統六年期滿為止。李氏此舉殊屬不懂法律、不顧大局，遺誤國家、遺誤自己，更遺誤桂系團體。以李氏此次出國言行，于公于私，百害而無一利。我素來主張團結，在過

去一年以來，李氏主持政務種種措誤，我迭進忠言，未
能接受，早以使我恢心，今後擬不再與聞此事。我為團
結已盡最大努力，為何失敗，此真天命使然耶。查中華
民國憲法第四十九條，總統缺位時，由副總統繼任至總
統任期屆滿時為止，總統因故不能視事時，由副總統
代行其職權。文義明明白白，蔣總統之引退全為「因
故」，絕非「缺位」，所以由李副總統「代行」，而絕
非「繼任」，既無「至總統任期屆滿時為止」。蓋李氏
代行總統職權已一年有餘，今在蔣總統復位後，竟自稱
總統，何不智乃爾。本晚（三日）七時，陳辭修兄招待
我與黨中重要陳立夫、朱家驊、吳鐵臣、張岳軍、谷振
綱、洪蘭友、程天放、張厲生、黃少谷等十多人晚餐。
陳表示蔣總統已數次徵他（陳）意見，擬提他為行政院
長，有請大家協助之意。經三小時之談話，各人都表示
為辭修幫忙，惟中國政治環境一向複雜，派系林立，意
見太深，尚須加以疏通。

## 3月4日　星期六

　　蔣總統招待黨中幹部何應欽、張岳軍、黃少谷、蔣
經國、陳立夫、鄭彥芬、洪蘭友、張道藩、余井塘、吳
鐵臣、李文範、谷振綱等午餐。蔣總統表示擬提陳辭修
（誠）為行政院長，祗因派系關係，有贊否不同之意
見，甚致有人主張因行假投票，總統感情衝動。我遂即
向諸同志說明時局危急，總統提陳之苦衷，此乃總統復
位第一件重要的事，萬望大家努力，使立法院通過此
案。總統復向諸同志懇切解釋，雖免強同意，究非心悅

誠服。派系誤國，于斯可見，國民黨人失敗已至最後關
頭，台灣一個孤島上，仍不覺誤，有何說哉。午後四時
參加蔣總裁招待中央常務委員茶會，仍為提陳為行政院
事，總裁向大家說明，各同志相繼發言，對陳亦很多批
評。最後接受總裁提陳之意見，擬于下星期一下午，由
總裁招待本黨立法委員茶會，交換意見，再向立法院提
名。至六時半散會。

## 3 月 5 日　星期日

陸心亙家在新北投，室內有溫泉。午後三時偕麗安
前往沐浴，非常適宜。昨日午後白長官建生（崇禧）來
晤談，他對于李代總統在美國言行，不以為然。

## 3 月 6 日　星期一

午後四時參加蔣總裁招待本黨立法委員茶會，計到
會約三百餘人。各委員紛紛發言，大多表揚陳辭修政績
堪任行政院長，最後由總裁訓話，全場情緒甚佳，如總
裁提陳，立法院似可通過。五時散會。午後六時出席中
央常務會議，總裁親臨主席，正式向常會提出陳誠繼任
行政院長，全場通過。至此在黨的方面，提行政院長手
束告一段落，將于明日由總統提立法院。

## 3 月 7 日　星期二

我的牙齒素來堅固，只有右門牙係陳英士先生殉難
時奔落，因此得以轉危為安，其他牙齒都很完全。惟近
一年來，左上尾板牙稍有動搖，時有壞味流出。故于今

日上午，偕麗安至徐州路，請周家肇牙科博士施用手
術，將此病牙拔去。周醫生手術優良，毫無痛苦，麗安
亦有壞牙，亦請周醫鑲補。

## 3月8日　星期三

　　昨日蔣總統向立法院提名陳誠（辭修）繼任行政院
長，立法院于本日午後召集臨時會議舉行投票。其投票
結果，計在場人數三百八十八人，同意票數三百零六
人，不同意票數七十人，廢票數七人，棄權票數五人。
以有效票三百七十六人計算，得五分之四以上，極大多
數同意陳誠為行政院長。蓋就總統復位，辭修當選為行
政院長兩件大事而論，表現蔣總裁所領導的國民黨，仍
有力量，仍能團結，並能得人民擁護，此乃前途光明象
徵，惟望全體同仁本此收獲之精神多多努力。

## 3月9日　星期四

　　上午九時出席中央常務會議，因總裁有事未能出
席，推我主席。有兩案較為重要：
甲、總裁交議當前革命情勢嚴重，黨中同志自應集中
　　力量，共赴艱鉅，以前出國重要人員，應即予以清
　　理，此後申請出國者，尤應嚴加管制。蓋自大陸戰
　　事開始失敗以來，頭等有金錢勢力者，早已前往歐
　　美，次等有金錢勢力者，則多住港澳等地，現在台
　　灣者，大多數無力他往者。在革命精神上說，應
　　該不準離台，但為減少台灣糧食等經濟負擔，應
　　準其他往。此案經半小時討論，決議推舉五人小組

研究。

乙、政府由川撤退，各部會很多失印。行政院處罰低級
　職員，常會不滿，有主退回行政院從新擬議者，有
　主移送監委會議處者，有主機關首長負責者。我是
　贊成首長負責，並說明印信在歷史上之重要，係由
　主官夫人保管，所謂掌印夫人是也，就是把印信與
　他夫人看得一樣重要。全場大笑。現在印信由主官
　派員管理，所以要主管負責。


## 3 月 10 日　星期五

回拜諸友好。曾伯雄前日來台北，今日回台中，我
的家務都承他照料。


## 3 月 11 日　星期六

顧墨三招待余司令漢謀午餐，約我作陪。余新由海
南來台，報告軍政情形。午後四時出席中央常務會議，
蔣總裁親臨主持，通過張屬生兄為行政院副院長，遂即
散會。後繼續舉行非常委員會會議，通過行政院各部部
長名單，惟蒙藏、僑務兩委員長人選尚未確定，稍緩再
提。我因主持蒙藏事務多年，故關係較深，當即說明前
任蒙藏委員會委員長周昆田向我說他迭次向閻前院長辭
職，他不想再任委員長，請不要再提他。故友羅佶子先
生女公子羅申慧女士與王志盟君，今日午後六時在台北
招待所舉行訂婚儀式，請我作證明人。我說明佶子先生
道德、文章，與申慧所受家庭教育等等，儀式隆重，賀
客甚多。

## 3月12日　星期日

晨八時回看新行政院長陳辭修（誠），先表賀意，繼談：

（1）你此次組閣能接受批評，令人欣佩。你的優點是說到做到，不怕得罪人，今後你做首相，更應本說到做到的精神向前做去，做不到事，萬不要先說。至必要得罪人地方是應該得罪的，不必要罪人地方，可以不得罪的。陳曰感謝盛意，請多指教。

（2）你自治台灣以來，一切穩當且有進步，惟經濟前途值得顧慮。我們在大陸失敗原因很多，但經濟失敗是重要因素，現在共黨在大陸亦為經濟所困擾。我們經濟若無辦法，固守台灣均屬不易，就是反攻大陸成功，還要失敗。陳曰經濟無辦法，就是共黨將大陸交給我們，我們亦無辦法的。

（3）共黨對台灣當然想武力佔領，但一方面在國際間運動，取銷國民政府招牌，打倒我們國際地位。陳曰這件事是重要問題。

（4）李崇年留學英國，習經濟，此人頭腦明敏，學有心得，亦有操守，你可請他在經濟方面研究與幫忙。我是介紹人才，他現在物調會做事，你知道他成績如何。陳說很好、很好。

其餘關于行政院組織經過以及一般時局談論亦很多。計半小時，盡歡而散。上午（十二日）十時訪吳國楨主席，他強調自任台省主席以來，未增加通貨發行，並表示與陳行政院長不易合作，已向總統迭次表示辭職。他

辭意甚堅，我勸他以大局為重，如你此時與陳不合作，
社會必批評你大顧大局，有意拆台，就是不幹的話，亦
要經過相當時間，有不幹機會再不幹。吳曰這個意見是
對的。

## 3 月 13 日　星期一

　　總統發表新閣名單後，各方反響極佳，咸認新閣業
已羅致各方面優秀人才，亦為行憲後最團結、最堅強的
內閣，惟盼望新閣能排除萬難，挽回危局。陳氏自院長
發表後，在四十八小時內將新閣組成，足見全黨一致，
絕非行憲後孫、何、閻三內閣組織困難與遲延之可比
也。茲將新內閣名單黏于後。

行政院院長　　　　陳　　誠
行政院副院長　　　張厲生
行政院政務委員　　吳國楨
　　　政務委員　　王師曾
　　　政務委員　　楊毓滋
　　　政務委員　　田烱錦
　　　政務委員　　蔡培火
　　　政務委員　　黃季陸
　　　政務委員　　董文琦
內政部部長　　　　余井塘
外交部部長　　　　葉公超
國防部部長　　　　俞大維
財政部部長　　　　嚴家淦
教育部部長　　　　程天放

司法行政部部長　　林　　彬
經濟部部長　　　　鄭道儒
交通部部長　　　　賀衷寒
秘書長　　　　　　黃少谷

## 3月14日　星期二

　　楊子惠（森）頃來訪，他有意回川領導革命，託我
向蔣總統進言，給他名義。寶子進、王培仁來訪，培仁
想謀司法部副部長，託我幫忙。培仁留學日本，習法
律，曾久任立法委員及水利部次長等。

## 3月15日　星期三

　　政府雖已改組，耳目一新，但連日所見朋友，對于
時局仍是憂慮，都是為自己打算，至時局緊張，如何離
開台灣。

## 3月16日　星期四

　　蔣總裁晚七時半在草山官邸，約非常委員會各委
員、五院院長及一部份幹部同志晚餐，我準時參加。總
裁提出取銷非常委員會，從新組織中央政治會議，徵求
各同志意見。此次政治會議組織與過去不同，擬在立法
院、監察院、本黨同志中各推數人，以謀黨政之聯系。
過去委員將□人，新組織委員只有卅餘人。結論原則通
過，將條文整理後，再由總裁向常會交議。昨晚（十五
日）合肥同鄉虞克裕（右民）、魏壽永、王秀春三人于
晚八時來訪，他們都是中央政治學校畢業，先後在中央

黨部服務。虞現任中央財務委員會主任秘書,魏任立法
院委員。王前在總統府任統計局幫辦,現擬謀該局局長
位置(因局長虛懸),託我向新主計長說話,我允照
辦。他們三人他是年富力強,都是家鄉最有期望後起
之秀。

## 3 月 17 日　星期五

　　行政院既已組成,惟關于軍事方面,參謀總長及副
參謀總長為各方所重視。蓋參謀總長為總統兼陸海空軍
大元帥幕僚長,負實際指揮軍事之責,其關係之重要,
可以想見。頃已發表空軍總司令周至柔兼參謀總長,郭
寄嶠副總參謀長,此等選擇,頗為適當,使內外人士對
于軍事觀感一新耳目。至關于寄嶠任副總長之經過,最
先蔣總統、陳行政院長、周參謀總長都認為後勤重要,
請寄嶠任後勤總司令,寄嶠堅辭,嗣請任副參謀總長,
寄嶠又堅辭。我認為各方既推重寄嶠有軍事天才,當此
困守台灣孤島之際,在公在私,均應勉為其難也。同時
任孫立人為陸軍總司令。孫留學美國,今以孫為陸總,
美人必表贊同,更可和緩美政府對國民政府不良之情
感,此舉亦非常適當。

## 3 月 18 日　星期六

　　午後三時偕麗安到北投二十三號,東南軍政長官公
署溫泉沐浴。何敬之兄今日來訪,談及白建生究應如何
安置。我曰,白對李代總統態度應該表明是非。何曰他
可轉告白。我曰可以不必,恐人家誤會我們分化李、

白，尤其是黨內同志對李意見不一致，所以我此時不能有表示。

## 3月19日　星期日

上午偕昆田回看鄭西谷、孫德操、楊子惠諸友好。曾伯雄今日午後由台中來台北，據云台中寓所均各平安。

## 3月20日　星期一

上午九時出席中央紀念週，推我主席。海軍總司令桂永清報告一年來海軍艱難困苦之經過，現在海軍基礎確已鞏固，可以確保台灣。午後三時白長官建生來晤談，彼此對李代總統無限失望。白強調李太無常識，最近李在美國言論，不單是對蔣不應該，對國家更不應該，尤使白及一般廣西老部下難以自處，這是不利國、不利人、不利己之幼稚舉動也。計談一小時。白當然想我出面斡旋，我以過去種種經驗，目前實不願，亦不能有所表示也。午後四時鄭秘書長彥芬來晤，談及政治、軍事首腦人事都以革新，黨務改造刻不容緩，鄭說困難太多。彼此對于改換國民黨名稱，認為蔣總統係根據憲法復位，現在國大代表、立監兩院委員，大多數是國民黨員，如黨改新名，他們如不參加或為他人利用，將如之何。益以大陸遊擊隊多掛國民黨招牌，大陸人民希望國民黨非常殷切，所以主張仍用舊名，積極改造內部任用新人。繼談中央對于桂系之態度，我表示黨內意見不能一致，所以我不能有所主張。

## 3 月 21 日　星期二

麗安與我乘上午八時半火車回台中。此次在台北住三個多星期，只三、四日有太陽，若與台中氣候相比，則相差太遠。

## 3 月 22 日　星期三

上午陳立夫來訪，談及他此次幫助陳辭修組織行政院之經過。我贊揚他是顧全大局最適當的措施。我又說，你們將來負責機會是很多的，言下你將來亦可任院的。

## 3 月 23 日　星期四

上午與李先良、沈成章諸君會談。

## 3 月 24 日　星期五

訪陳果夫兄，他是肺病延年，現時身體較前進步。彼此研究黨的改造，認為國民黨名稱在現狀下不能改換。

## 3 月 25 日　星期六

吳鑄人兄昨晚、今朝兩次晤面，他說有人另組自由黨，請胡適之參加。我曰胡是學者，世界聞名，以中國複雜情形，胡最好仍持超然態度，勿為人所利用。鑄人又說仍擬請彥龍繼續任蒙藏委員會委員長，以劉連克（蒙古人）為副委員長。我因經過複雜，未作表示。

## 3月26日　星期日

申叔有繪畫天才，能繪山水人物、花卉鳥蟲。山水人物無師自通，花卉鳥蟲得自老友嶺南名畫家陳樹人先生傳授。可惜樹人先生昨年去世，但申叔已多領悟樹人先生繪畫之真意矣。申叔最近各種繪畫都有非常進步，而花卉蟲鳥確與樹人先生真筆相似。申叔現年始滿十八歲，倘能精進不倦，必可成為有名大畫家，是毫無疑問的。合肥在歷史上人才特多，惟不出畫家，申叔果成為名畫家，亦合肥之光也。申叔體氣素弱，尚須多保養也。

## 3月27日　星期一

老友王亮籌、李文範（君佩）、鄒海濱（魯）諸兄日前來台中遊覽日月潭，昨晚歸來，比即晤談。他們三位都是廣東老同志，與我年齡不相上下，但身體都不如我。

## 3月28日　星期二

王、李、鄒三君清晨過訪，並在台中賓館共進午餐。他們乘十二時半車回台北，我到車站送行。劉安祺現任台灣中部防守司令，其司令部設台中，伊住家即在我家間壁，本日午後來訪。據云現在台灣【中缺】較前進步，士兵待遇亦有【中缺】個師均是山東子弟兵。

共匪暴力搜刮下大陸大饑荒　華北已發生人吃人駭聞
本報收音

聯合社香港二十七日訊：中國大飢荒區內餓狂了的農民，業已變成了食人主義者。最近抵港人士昨天說：華北的中部，有成群的飢餓農民把村中的小孩誘到山上，然後食之。此說此間無法證實。上海世界教會聯盟副主席張博士（Dr. F. L. Chang）說：這消息可能是真的。他說：這次飢荒正在表露出將變為中國歷史上最大一次災難的徵候。張氏預料：如不立即接濟食糧，食人現象可能還要增加。

## 中央社香港廿七日電

百年來空前大飢荒逐漸形成，且已蔓延粵省全境，雖號稱富庶的珠江三角洲中區各縣，亦日見嚴重，鄉村飢民成群，流徙覓食。粵東各縣飢民，多趨集潮、汕；粵北各縣則群集曲江、連縣等較富庶城市；中區各縣糧食較多，尤為飢民就食之主要地。若干偏僻鄉村，十室九空，僅餘老弱，一片荒涼死寂景象，似向共匪殘暴統治作無聲的抗議。又據今日英文星期報載「北京」來的教會人士談：「北京」附近農村飢荒情形甚為嚴重，有食草根及樹皮充飢者。華北方面有十一個省份陷於飢荒，其嚴重程度，正不亞於一八七八年餓斃一千五百萬人之大飢荒。偽山東省政府承認災情嚴重，倘本月份內仍不能獲得外間接濟，則三百萬人有餓斃之虞。據彼個人估計，現時已有逾三千萬以上之人民未知小麥、大麥、白米為何物，比較幸運之農民，則僅獲蘿蔔、大豆

或蕃薯作食糧，惟此種僅有之食糧食完後仍將以草根樹皮充飢。河北省飢荒更趨嚴重，將有二千萬人遭遇死亡。揚子江流域，正遭逢十八年來未有的糧荒現象，湖南省內部份農民因為缺糧，已開始食用穀種。各地飢荒情況，頗使共匪當局頭痛，倘再擴展，則一九二八年至一九三〇年間飢荒慘狀，不難重見。此種飢荒現象，係由於天災及共匪本身所造成之人禍所演成，匪區現正流行多種傳說，謂共匪當局徵集糧食運往蘇聯，以交換機器及軍用品，因而不能拯救災區。

## 3月29日　星期三

立法委員李永新今日上午來晤，仍談蒙藏委員會委員長問題。他（李）仍推重周彥龍連任委員長，萬一周不願擔任，則擬推劉連克繼任（推劉是李真正心理），請我幫忙連克。我對李表示，前次周彥龍保劉連克任副委員長，可惜行政院改組，未及發表，這就是幫忙連克事實表現。我久已不願擔任蒙藏實際工作，周彥龍亦復如此，你（李）是蒙古人，又在中央黨部服務多年，希望你團結蒙古同胞，再進一步團結邊疆各族同胞。現在外蒙古水深火熱，就歷史與國防而論，將來必定收回外蒙，望你多加努力，負此大責。我雖不願負邊疆實際工作，但我過去在中央與地方主持邊政十有餘年，足跡遍邊地，所得經驗非常豐富，定將此種經驗，供獻國家，幫助你們。我又強調邊疆路遠、地大，我們必定眼光看遠，胸襟廣大，否則仍照過去作風，則邊疆永無期望矣。李表示接受我的說話，這是我對李最誠意之表示。

## 3 月 30 日　星期四

王洞臣（戀功）移住台中，與我家作近鄰將三月有餘。現仍移回台北居住，昨來辭行。我今午往送行，彼已起程，未及晤面矣。

## 3 月 31 日　星期五

伯雄今午由台北回台中。據云台北市場因社會無購買力，而且稅重，商店日有關閉。

## 4月1日　星期六

台灣自蔣總統復位後，及行政院改組，與夫軍事首腦人事調整，使內外形勢日漸改觀。如：

一、台灣人心更趨安定，認為前途大有期望。

二、大陸大民受中共徵兵、徵糧之騷擾，造成遍地饑饉，紛起反抗。從前不滿意國民黨的人民，今日反想國民黨早回大陸，以解倒懸。

三、美國已覺悟失去中國大陸，不但影響太平洋，尤其影響整個亞洲。深知中共決無妥洽產生狄脫，更深知中國大陸人民希望台灣指導反抗中共，又加美共和黨指責國務院對華政策之失敗，所以國務院對華政策不得不有所改變，因此決定援華。雖然如此，我們自己必須日求革新，萬不可再蹈大陸失敗覆轍。

## 4月2日　星期日

蔣老太太今午約吃便飯，我與申兒前往。適翁如新昨來台中，亦同午餐。端木文俠仍住香港，近日由陸心亙轉來與我的信內云，他現在受人攻擊，頗為苦痛，託我向蔣總統疏解。我請心亙轉復文俠，略謂古人云「止謗莫若自修」，至關于今後出處，目前我無法代為具體決定云云。蓋文俠早聽我話來台灣，不但免招物議，並可得到相當工作，真是可惜，這都受左右目光短淺人所遺誤的。

## 4月3日　星期一

偕伯雄郊外散步。回拜劉司令安祺。沈成章來訪，他將于明日赴台北一行。

## 4月4日　星期二

今日陰曆二月十八日，是六十七歲生日。去年生日感想「年年生日年年老，民不聊生豈奈何」，今年生日感想更甚于昨年，大陸全淪陷，人民因饑饉死亡不計其數。我的身體自上月病後亦不如昨年，我仍當鼓起老勇，救國救民。

## 4月5日　星期三

今日清明節，又是觀世普薩誕日，天氣清朗，氣候溫和，此間同胞拜廟掃墓，不絕于途，非常熱烈。午後五時前教育部長杭立武兄來訪。據云總統府王秘書長擬約他任副秘書長，他不能決定，詢我意見。答曰以你現在環境，進退自如，對于總統府副秘書長做與不做，沒有多大關係。他又曰將發表總統府國策顧問。我曰最好以國策顧問名義幫助王秘書長，他亦深以為然。嗣談及李代總統此次在美國言論之失當，彼此為之嘆惜。計談一小時。

## 4月6日　星期四

偕申叔回看杭立武兄，他將于午車回台北。昨日天氣暖熱，著夏衣而流汗，昨夜今朝大雨，天氣忽然轉寒，著棉衣而不暖。為何一夜之間寒熱相差如此之多，

殊出意外。

## 4 月 7 日　星期五

曾伯雄今午赴台北。錢慕尹夫婦往遊日月潭，今日回台中，下榻蔣公館，午後來訪。

## 4 月 8 日　星期六

蔣老太招待錢慕尹兄等午餐，約我作陪。近一週來，上海已發現飛機與國機作戰。據云是俄式飛機，從此台灣受飛機威脅矣。近三日天氣仍寒冷，須著冬衣，因氣候變化無常，稍一不慎，最易發生疾病。

## 4 月 9 日　星期日

胡國振夫婦來訪。胡原係隨我在新疆任警務處長，嗣又任台灣警務處長，現在沒有工作。

## 4 月 10 日　星期一

美國現在面臨嚴重問題，對蘇聯冷戰政策顯已落後，企圖在蘇聯四週建立反共國家壁壘有困難。美國所以遭遇進退維艱者，由于矛盾與驕矜所造成也。立法委員劉贊周、黃通（號更夫，江蘇人）晚間來訪，暢論時局，尤以立法院委員國民黨員黨團組織不易成功，主張由總裁直接領導黨員。

## 4 月 11 日　星期二

伯雄今午由台北回台中。據云人民無購買力，市

面日漸衰落，商店日有倒閉，如日用必需品、米糧上漲
不已。

## 4月12日　星期三

午後偕麗安看電影。

## 4月13日　星期四

關于申叔赴美國讀書事，經馴叔就近與伊利諾大學
接洽成功，今日收到伊利諾大學寄來準許證，甚為快
慰。此時應準備本國政府發給出國護照，然後請美國領
事簽字，並一面籌措赴美經費。

## 4月14日　星期五

陳果夫、立夫父親勤士先生，今日八十歲壽誕。我
偕惟仁夫人于上午九時前往慶祝，賀客盈門，勤士先生
子孫滿堂，福壽雙全。

## 4月15日　星期六

合眾社消息，據東京美國高級人士看中國，大陸災
荒，台灣安定，民心士氣旺盛，比世界其他許多地方都
要強。

## 4月16日　星期日

楊子惠、孫德操、劉泗英、李定宇、韓文源（雲
濤）、王聯奎等一行十人，昨日由台北出發，擬遊覽日
月潭及台南等地名勝。路過台中，特來訪問，故我于今

晨到青年旅社回拜，並送行。

## 4 月 17 日　星期一

　　劉波鳴來訪，他託我介紹劉新盤（號右銘）到孫立人陸軍總司令部主持後方勤務事宜。

## 4 月 18 日　星期二

　　中國銀行董事長徐柏園來電，擬于廿日下午四時召開董事會，請我出席（我是該行董事），並派許義方君候迎。許于午後五時半到台中來見，許云此次董事會開會較為重要，故我決定明日赴台北。許是該行國外部事務主任，汕頭人。

## 4 月 19 日　星期三

　　偕伯雄、申叔及許義方君乘中午十二時半車赴台北，下榻台北招待所。中行董事長徐柏園兄來晤談此次召開董事會之經過，主要的改組董監事會。

## 4 月 20 日　星期四

　　晨九時出席中央常會，由總裁親自主席。決議案有孫科、梁寒操、湯如炎辭中常委，應予照准；黃宇人、程思遠久不返台，應予免去常委職務；又組黨員出國審核小組，並推我為召集人。下午四時出席中國銀行董事會，改選常務董事。該行現在除國外尚有數分行外，國內已無分行矣。申叔出洋讀書事，于去年十月間即呈請教育部轉咨外交部照准，並于十一月由伯雄與外交部駐

台特派員尹葆宇面洽應辦手續，當時以美國入學準許證
尚未寄來，故未填報出國申請書，擱置已久，現在已由
馴叔辦妥伊利諾大學準許證，遂由彥龍、伯雄陪同申叔
向外交部洽辦手續，因駐台外交特派員公署業已撤銷，
故也。不料到外交部護照科遍查檔案無著，據該科梁君
云，因預防空襲，將舊卷裝箱疏運下鄉，如派人下鄉查
卷，是否可以查到，尚成問題，即使能查到，亦需甚多
時日，不如向教育部查詢較為便捷。乃赴前教育部長杭
立武家，請其以電話託原經辦人代查，並即偕赴教育部
面洽，不料也查不出。據該部柯秘書云，現在新規定，
須讀至大學二年級以上方可申請留學，申叔僅高中畢
業，資歷不合，故不能重新呈請。惟杭前部長任內曾核
准天主教會派遣中學生七十人出國，且該批學生尚餘一
個名額，不妨試辦等語。彥龍等即返招待所報告，我即
電杭立武，請其設法幫忙。午飯後再由彥龍等三人至杭
家取得介紹信，到天主堂見龔神父，並由龔陪赴寧夏路
一教會學校內舉行初步測驗，計口試、英文、歷史、
地理、公民等，申叔均能作答，各項成績皆在 75 分以
上，立刻簽給成績單一紙，再持往教育部洽辦。據云尚
須該教會簽發獎學金憑證一紙，以憑辦理，因時間已
遲，決定明天再辦。

## 4月21日　星期五

　　晨間彥龍來云，趨訪龔神父未晤，約定下午一時以
電話接洽。我走訪鄭西谷、顧墨三、吳國楨、李崇年
等，並在李家午餐。飯後到周彥龍家略坐，即回台北招

待所。下午彥龍再訪龔神父，據答稱該項獎學金憑證係
由另一神父簽發，現在此人不在台灣，而龔並無權簽發
等語。彥龍等兩天奔走，毫無結果，辦事之難，于此可
見。彥龍再到教育部，據其回報云，已與鄭次長西谷及
主辦科長、秘書等詳細研討補救辦法：

（一）托人向天主堂神父商量，請其簽發獎學生憑證。

（二）由余函程天放部長特許出國。

（三）申叔繪事確具天才，可將其近作請文化界權威
　　　人士予以鑑定後，亦可申請出國深造。

余以為一、二兩點不妥，惟第三點頗有把握，遂決定命
申叔回台中將作品取來，以便請人鑑定後，再呈教育部
申請出國。今日腸胃不佳，大便數次，精神尚好。


## 4 月 22 日　星期六

今晨申叔搭早車回台中，伯雄送至車站即回。昨夜
又大瀉二次，今天精神微覺萎頓。早餐祇食餅干三片，
午、晚均食薄粥，佐以鹹菜，摒絕暈油，並服仁丹多
粒，腹瀉已止。昨年今日蔣、李等在杭州會議，李當日
回南京，國民政府即于是夜下令撤退廣州，從此大陸全
失敗。今年今日又于夜間在海南失敗，撤出海口。明年
又將如何，可嘆。


## 4 月 23 日　星期日

今日由台北招待所遷移和平東路一段乙種九號房
屋，本擬即回台中，因在此間接洽申叔出洋事宜，故擬
在台北暫住。申叔隨麗安本日午後到台北。

## 4月24日　星期一

上午九時出席中央紀念週後，主持黨員出國小組會議。我主張先要決定原則，如其有益于黨國，又有自備外匯，應該準其出國。

## 4月25日　星期二

昨年今日，我全家由上海飛抵台北，當時住處頗感困難，今後公私困難必更多。尤以年老兒子小，深感責任更大，惟仁夫人年老心臟弱，更無法以安其心。

## 4月26日　星期三

蔣總統夫婦招待海南軍政長官陳濟堂、俞漢謀副長官夫婦晚餐，約我作陪。陳、俞都是由海南撤退來台北的，海南島既決定放棄，就戰略言是很吃虧，就固守台灣、舟山而言，可增加軍力，減少經濟負擔，是很適宜的。不過要放棄應該從早，為何戰敗纔放棄乎。晚餐後，陳、俞等先退，我與總統作半小時談話。

（一）美國人總說我們政府說假話，尤其是國務院說我們說假話。現在只有東京麥克爾瑟元帥尚有幫助我們主張，所以對麥帥說話必定要忠實，如其麥帥不相信我們，則我們更無路可走。現在可克海軍上將在台灣幫助我們，必定要使他相信我們，不能再用政客辦外交，所有派出外交人員都要很誠實，挽回過去信用。總統連說很對、很對。

（二）總統身體重要，若無必要，似可不必他往。

（三）現在軍隊待遇還是不夠，應該調整。總統說正
　　計劃加強中。

## 4 月 27 日　星期四

今晨又腹瀉，精神頗為不振。端木鑄秋、閻伯勉晚
間來談一般時局，認為將來舟山一戰，關係最大。

## 4 月 28 日　星期五

到此旬日，總是陰雨，深感氣候與我身體大不相
宜。因辦理申叔出國事，不能即回台中。白健生迭次過
談，特于今日（廿八）上午回拜。

## 4 月 29 日　星期六

自海南放棄消息傳出後，此間人心頗感不安，因此
物價上漲。海南長官陳伯蘭先生，本晚來訪。據云海南
軍隊約有八萬人可以撤出，果能如此，則守台灣之實力
大大增強矣。

## 4 月 30 日　星期日

自本日夜零時起至午十二時止戶口大檢查，我們住
處是晨四時來查的。午後四時陸軍總司令孫立人來訪，
計談一小時。他認為在職權上未能統一，深以為憾，又
感于人事不能得心應手。我勸他凡事要順應自然，你想
做的事，須大家願意，然後得其目的，這是我供獻你最
高原則。孫深為然，約定下次再談。

## 5月1日　星期一

中午十二時，顧墨三夫婦在吉弗招待我與麗安、申叔等午餐。晚六時半，端木鑄秋、閻伯勉招待我晚餐，有王亮籌先生等在坐。

## 5月2日　星期二

申叔出國事既決以繪畫天才請求教育部批准，旬日來極積準備，必須專家鑑定，方可請求。最巧者，民國卅七年一月間，繪畫名流陳樹人先生致我一封親筆函，表示申叔確具天才繪畫。又由現任師範學院藝術係主任黃君璧證明申叔天資過人。根據陳、黃兩位證明，又將申近作二十餘種，以及美國入學證、中國銀行外匯證明單，一併呈送教育部。此項呈文等件，面託教育次長鄭通和（西谷）代辦，據鄭云可有希望。我們只有如此作法，成與不成，自有天命存焉。

## 5月3日　星期三

上午王院長亮籌來訪，他想以私人名義政治作用前往日本一遊，約一個月回台，託我于中央黨部審查時予以通過。關于申叔出國事，聞教育部擬將其繪畫作品送師範學院審查，再作決定。蓋申叔呈教部呈文及作品，既有大畫家陳樹人先生與現任師範學院藝術系主任黃君璧先生先後證明，為何還要經過一次公文程序。

## 5月4日　星期四

上午九時出席中央常務會議，十一時出席非常委員

會會議，蔣總裁親臨主席。

一、決議蒙藏、僑務兩委會委員長，由內政、外交兩部
　　長兼任。

二、通過本年度國家預算，支出三億四千餘萬銀元，收
　　入不敷一億銀元。此項預算是平時預算，萬一發
　　生戰事，用費必更多。總而言之，財政日趨嚴重
　　階段。

午後偕申叔到和平東路三段底山腳花園買月季花，去
是步行，回乘公共汽車。晚七時偕麗安、申叔看京劇。

## 5月5日　星期五

　　此次美國記者團一行廿五人來台灣訪問，這是有重
大意義之舉動。吳省主席招待該團，全體團員表示意
見，其中最重要者，遠東反共國家兵力之比較，菲律賓
三萬人，韓國十萬人，越南法軍十六萬人，另有少數越
籍軍隊，台灣卻有良好訓練軍隊六十萬人。美國對菲律
賓援助每天便需一百萬美元，對日本每天一百五十五萬
美元，對越南的援助定每年五億美元，中國在軍事、經
濟、工業各方面所需要，每月約為一千萬美元，這一數
目不過等于美國援歐經費百分之三而已。台灣在軍事上
是今日遠東方面最堅強地域，如果共黨佔領台灣，即可
突破美方在日本和菲律賓的防線。這一段話很得體，為
何美人不幫助國民政府，都是自己不振作、不顧信用之
結果，就美國利害而言，最後是要援助台灣。

## 5 月 6 日　星期六

劉啟瑞上午介紹徐業道來見，下午介紹陳式銳來見。徐是湖南湘潭人，將任大法官，如提非常委員會，託我支持。陳是福建同安人，國民大會代表，擬謀台北縣長，託我向吳主席說項。伯雄午後由台中來台北。據云他與惟仁老太太及何景明、謝應新共買彩票，得獎五千元。聞之非常歡喜，我平時沒有錢給他們用。

## 5 月 7 日　星期日

共黨既在海南島勝利後，現積極準備進攻舟山群島。此戰勝負，關係台灣前途十分重大。

## 5 月 8 日　星期一

午後偕麗安看電影月宮寶盒。最近市面不佳，商店紛紛倒閉，內地來台中產階級，靠放利息生活的人，大受影響。

## 5 月 9 日　星期二

申叔今晨回台中。老同志黃伯笙之第二子黃敬和係軍校畢業，現在戰車隊任參謀，待遇甚苦。因小孩生病無款診治，前已接濟台幣貳百元，現病未愈仍需款，今日再來請幫忙。茲接濟一百元，聊表誠意而已，以我經濟情形，已最大努力。

## 5 月 10 日　星期三

盛晉庸兄迭次來訪。據云仇人太多，最近政府又將

其衛兵裁撤，又因其岳父全家前在蘭州被殺，他的夫人
及子女時感恐怖，託我向蔣總統進言，準他家眷赴日
本。盛氏當年新疆一世之雄，而今安在哉。

## 5月11日　星期四

上午八時半出席管制黨員出國審查小組會，通過王
亮籌赴日本案，又擬定審查原則以及審查辦法，擬提中
央常會討論。上午九時半出席中央常務會議，通過黨務
預算等案。午後一時，蔣總統在台北賓館招待我與于
右任、居覺生、鄒海濱、王亮籌、閻百川、陳伯蘭等午
餐。飯後我代盛晉庸說話，請准其夫人、子女出國赴日
本。總統答曰可以的，可再與陳院長一談。

## 5月12日　星期五

伯雄今晨回台中。周佩箴兄本日由香港抵台北，出
席交通銀行董事會，晚間來訪。據云香港社會不安，生
活程度較台灣約低一半。

## 5月13日　星期六

申叔由台中回台北。王東原來訪，據云蔣先生在革
命研究院表示，為民族、為革命、為軍人，均準備個人
最後犧牲。

## 5月14日　星期日

上午偕麗安、申叔到中山堂參觀黃君璧夫婦畫展。
黃係習西洋畫後再畫中國山水，故常採西畫精華，以補

國畫之短。我購黃君所畫枯藤老樹昏鴉山水一幅，即採西畫透視原理所作。為申叔出洋事訪黃朝琴兄，託他請外國語先生為申叔補課，又託黃打聽美領館簽證手續。又偕麗安、申叔到北投陸心亘家午飯，有王文山兄在坐，王君深切明瞭國際一切形勢。飯後順便訪王洞臣、徐聖禪諸兄。本日天雨，至午後五時回寓，並順便過車站接伯雄。

## 5月15日　星期一

上午白建生來訪，未談政事，是友誼訪問。午後到交通銀行回看周佩箴兄。偕申叔參觀植物園，並無奇花異木，都是很普通樹木，若與倫敦植物園相比，有天地之分。偕申叔到郭午橋家看古畫，有數幅是很好的。日用品仍上漲，銀根緊，無購買力，商店日趨危急。

## 5月16日　星期二

蔣總統在革命實踐研究院第五期開學典禮，很長一篇軍人魂訓詞，今日在各報發表。其中最要者：「國家存亡，本身生死，成敗已臨最後關頭，革命軍人要有堅定決心，必須立志，不成功，便成仁。台灣如陷敵手，本人（總統）決定以身殉國。」此種精神與決心誠屬可佩，但一般社會人民，認為引起時局緊張，難免恐怖。

## 5月17日　星期三

#### 舟山海陸空軍安全撤退

政府為適應全盤戰略需要，將駐舟山十五萬大軍安

全撤回台灣，加入守衛台灣陣線。舟山駐軍有這樣大的
數目，再加上附屬人員與亟需撤退民眾，而交通工具是
這樣缺乏，時間又這樣緊張，敵我相距又這樣近。如此
困難情形下，短短三天，統統移轉完成，沒有留下一個
戰鬥員和一條槍。可以充分證明的，軍隊動作的迅速，
確實秘密（在中國為史無前例），至十六日下午四時，
敵人還不知道國軍動靜。撤退先頭部隊船，今晨已抵基
隆，約一萬餘人。此次負責撤退郭副總參謀長寄嶠昨
（十六）夜歸來，今晨晤面。據云已數日夜不眠不息，
所有人員、武器、車輛一律安全撤回，毫無損失。寄嶠
立此大功，值得大家稱譽，亦是寄嶠來台後任副參謀
長，最成功、最偉大之表現也。

　　胡光麃上午來晤，他新由香港、日本遊覽歸來。據
云大陸人民確係痛苦，中共已失人心，美國不願發動戰
爭，不得已時退保美國，為其最高原則。盛晉庸兄眷屬
亟欲往日本居住，前由我代盛轉呈總統報告，已批交
陳行政長核辦，故今日午後四時，行政院副院長張厲生
兄與晉庸均到我處研究此事。厲生表示，晉庸眷屬赴日
本，在政府是可以批准的，但要照出國手續辦理，就是
要先得日本入境許可證，然後政府始能發出境證，且攜
帶款項亦有規定，假如在台款項不能帶往日本，則到日
後用款又將如何。張最後表示，一定代為幫忙，事先應
該詳細研究。我又與厲生談時局，尤其是外交，彼此都
認為我國與美國當權政黨的民主黨感情壞到如此地步，
而在野共和黨雖然有幫忙之呼號，其無實力何。本年

十一月，美國國會選舉，倘仍民主黨勝利，還是反對我
們的，就是共和黨勝利，民主黨在野，還是可以反對我
們的。我們誤入人家黨爭旋渦，真是不幸，我們應在美
國大選前的今天，向共和黨說明，與民主黨謀諒解，恢
復感情，就是沒有效果，亦應該如此做法。因此舉成功
有利，不成無害。

## 5 月 18 日　星期四

徐道鄰新近由上海經香港到台北，本日午後來晤。
據云大陸人民確在饑餓中，共產黨在大陸政治、經濟絕
無辦法，其失敗乃時間問題。

## 5 月 19 日　星期五

海南撤退大軍船隊，今日全部安抵台島。今日關鍵
在金門防守之決定，有人主張仍當固守，有人主張應即
撤退。但金門與舟山不同，因金門距澎湖近，尤其台灣
人多是福建南部人，他們對舟山得失不甚注意，對金門
得失十分關心，萬一金門撤退，當然影響台灣人心。就
政治言，應該守，就軍人精神與夫舟山撤退後而言，應
該決一死戰。何去何從，要看當局決心如何。

## 5 月 20 日　星期六

聞大陸最近不斷製造反英輿論，電台廣播、報紙言
論、漫畫，對英政府攻擊備至，有的甚至叫著解放香
港。這都是英國咎由自取，此種趨勢使敏感的香港人
士，頗為惴惴不安。

## 5月21日　星期日

何雲樵兄昨日由香港來台北，住在郭寄嶠家中，本日午後來訪。他的身體在前兩年重風後，尚未痊愈，行動還是不便。傅維新、吳殿槐來說，國大代表有七百餘人簽名罷免李副總統，文件已交大會秘書長，當此時局十分嚴重，此事應加考慮。

## 5月22日　星期一

中央監察委員陳固亭兄頃由台中到台北，特來晤。他前請赴日本考查，因理由不充分，經中央審查小組將此案暫予保留，他再請求批准，我允考慮。陳留學日本七年，習教育，深知日本情形，如能准往，甚相宜也。

## 5月23日　星期二

舟山雖安全撤退，增加台灣防守力量，但台灣是個孤島，對抗整個大陸，萬難持久，所以人心仍感不安。有人問我究竟台灣前途如何，我自始至終認為國共問題，就是美蘇問題，如果蘇聯極積以海空軍援助中共，則中共隨時可以攻台灣，如果美國極積援助國民黨，則國民黨不但可以堅守台灣，並可反攻大陸。我們中國人自家爭鬥，受別人操縱，真真最不幸、最痛心、最可恥的事。

## 5月24日　星期三

因久不與顧墨三等見面，今日特分別趨訪。他們對時局很多憂慮。

## 5 月 25 日　星期四

昨夜（即今晨）四時夢團圓、光明月亮臨天空，其光芒正照著我的面部。就一般迷信而言，夢日月總是吉兆，我從前夢過太陽，初次夢月亮，姑記之。上午九時出席中央常務會議，原定總裁親臨主席，因事須稍緩時間，故推我臨時主席。先由周參謀總長報告海南島、舟山撤退之經過情形，並說台灣可以確保理由。我簡單致詞，略謂一個軍隊必定要能進能退，做到進退自如，纔能打勝仗。在過去大陸失敗，以數百萬軍隊，既不能進，又不能退，其結果或降或潰，亦有少數千辛萬苦衝出重圍退至後方者。此次海南、舟山駐軍，以迅速、確實、秘密、勇敢之精神，安全撤退，這是歷史所少有，亦是我們在大陸上失敗後第一次成功。有此撤退之精神，必可轉為進攻之精神，所以不但台灣可以確保，必可反攻大陸。頃間總裁駕臨主席，討論在軍隊中推行革命實踐運動，大家意見很多。午後一時，總裁在台北賓館招待我與于右任、居覺生諸老志午餐。晚九時，陳院長辭修來訪，計談一時半之久。他認為今年經濟、軍事都可過去，惟對政治很多憂慮。因在大陸失敗政治作風帶來台灣，深恐將有秩序的台灣，鬧成紛亂不可收拾之局面。

## 5 月 26 日　星期五

上午八時卅分車偕麗安回台中，崇年、伯雄、申叔送上車站。關于申叔出洋事，教育部既將申叔繪畫送請師範學院審查，該院已審查完畢，得復教部其審查決議

「查學生吳申叔送審繪畫十六幅，其中花卉蟲馬已具規模，山水人物亦堪造，就用筆嚴謹，設色清秀，以十八歲之青年而有此成績，洵屬天才」等語。細讀該決議文，十分快慰，就天才特別教育而論，教育部應即批准出國深操也。至關于出洋外匯事，頗費躊躇，當即函商少宮、馴叔在他們學費中暫借，將來再設法歸還，他們力量能否辦到，尚不可知。

## 5月27日　星期六

上午十時李先良兄來談，他擬赴日本，託我在中央審查時予以幫助。午後看蔣老太太，他的精神欠佳。

## 5月28日　星期日

上午訪陳果夫、劉波鳴諸兄。

## 5月29日　星期一

民國五年春，陳英士先生殉國時，我在場，因情勢緊張，時間急切，伏地避彈，過于迅速，致將右門牙碰落三分之二，誠不幸中之大幸也。當即請上海名牙醫徐景明診治，他用黃金鑲補，既時痛，又不雅觀。至民九年改請美籍牙醫廷士利復診，他將不堪再用牙根除去，保留好的一部份牙根，另做一個內金外磁牙鑲補之，非常適用。至民國十一年，在蘇州忽又脫落，就近請王順卿牙醫用水泥將廷士利牙再行鑲上，一直用到現在，時間可謂長矣，但時有臭味流出，久擬整理。今晨忽又脫落，擬日內赴台北修補。

## 5 月 30 日　星期二

前台中警察局長蘇銳淞，因案撤職。他生長安南，情形熟習，擬赴安南另謀工作，想中央給他閒散名義，俾在保大政府易于接洽，託我向中央代進一言。

## 5 月 31 日　星期三

此間現值黃霉，旬日來陰雨，濕氣很重，與人身體很不相宜。古語「久晴逢戊雨，久雨望庚晴」，但看庚日是否能晴。

## 6月1日　星期四

　　日本政府本日聲明，願與各國締結和約，若蘇聯不同意全面和平計劃，日本準備與美國及其他盟軍單獨締約。這件驚人事件，如果成為事實，則遠東形勢大大改觀。美國增強遠東大批海軍實力，內有二萬七千噸佛吉谷吉號航空母艦，載有噴氣式飛機。美海軍專家稱，鑒于蘇聯噴氣式飛機出現于廣州及中國其他城市，未來遠東天空上，看見噴氣式飛機，對抗噴氣式飛機，這件看得很平常，但意義極重大。

## 6月2日　星期五

　　申叔由台北來電話，教育部已批准出國，現正持教部公文請外交部發給護照。據外部云，祇要照例繳愛國公債台幣一千五百元，隨時可以發給。至此在本國應辦手續大體完成，現待馴叔、少宮借墊學費外匯存單寄到，再向美領館接洽簽證。

## 6月3日　星期六

　　訪沈成章先生，他九歲幼子生病，他很憂慮。

## 6月4日　星期日

　　路透社香港訊，據最近訪問台灣之一外國觀察家評論，舟山撤退後，台灣防務益增鞏固，民心振奮，士氣旺盛，認為今日比自撤退東北任何時期為佳，台灣中外人士對十五萬大軍及裝備之撤退舟山之神速，印象深刻等語。路透社代表英國，一向不滿國民政府，有此表

示，深感中共無合作可能。

## 6月5日　星期一

　　沈成章先生來晤，他九歲幼子患腦膜炎，較嚴重。
沈深感年老子幼（六十九歲），我送沈六度母古佛一
尊，以安其心。同鄉龍燦（健行）誠信佛學，年齡已
老，我特贈他古觀音佛一尊、水晶阿彌佛一尊。敬贈古
佛與信佛人是應該的，我由西藏內返時，西藏僧俗贈我
古佛，與我所請西藏政府代造之新佛，一共約三百尊，
分贈內地各方面。有許多信佛的人，朝夕供奉，有許多
人作為裝飾品，令我遺憾。

## 6月6日　星期二

　　美國太平洋艦隊司令雷福德海軍上將，五日在東京
招待記者會中稱：「台灣對于美國在遠東防務關係重
大，如台灣淪于蘇聯手中，將是一嚴威脅。台灣在嚴重
時候，可以成為極重基地。」一向美國軍方，尤其海
軍，認為台灣于美國戰略關係重大，但國務院不以此說
為然，益以國務院對國民政府成見太深，不易轉變。

## 6月7日　星期三

　　申叔出洋護照，因繳愛國公債台幣一千五百元尚
未籌出，以致耽擱時間。我家經濟情形，于此可見一
般矣。

## 6 月 8 日至 13 日　星期四至星期二

　　都是天雨，在家看書，並無特別事件可以記載者。最近美國杜魯門總統發表演說，反對蘇聯威脅世界和平，反對美國孤立主義派，並申明外交兩黨要一致。這是美國最明顯態度，同時美國輿論亦大大轉變，一致反蘇，深知與蘇無法合作。因此美國對台灣態度，亦在轉變之中，國務卿艾奇遜亦說遠東面臨危機。昨日（十二）陳立夫兄由台北回台中，午後來訪，計談二小時。據云立法院在本屆會議閉幕之先，有兩案發生風潮，總裁及陳行政院長對他大大不滿。所謂兩案者：

一、關于立法院院長問題，有主張改選劉建群為院長者，有主張院長問題延至下屆開會時再行辦理者。結果後者主張成功。

二、當此非常時期，在立法院閉幕期間，擬緣前何、閻兩內閣例，授權行政院長全權處理政務，事後請立法院追認結果。立委同人認為台灣交通便利，地方又小，非在大陸時可比，立委可隨時集會，無須授權。

最近三月，政府內政、外交都有進步，台灣地方亦甚安定，深得中外人士之嘉許。此兩案都是很容易解決，皆因技術欠佳，鬧得滿城風雨，遺笑各方，殊屬不幸。希望大家以人民痛苦為重，開誠佈公，共商國事。我不日赴台北，當向各方蘇解也。

## 6 月 14 日　星期三

　　少宮、馴叔借墊申叔赴美留學經費外匯存單，今午

收到，十分歡喜，但外交部出國護照尚未發出。我們目
前已將出洋留學應繳愛國公債乙仟五百元，雖已籌出，
然繳款變改手續，就是款繳財政部，然後由財部給繳款
證，再持向外部請發護照，因此又耽誤時間。辦事之難
于此可見，政府手續之煩，亦更可見矣。

## 6月15日　星期四

政府發表我中央銀常務理事，其他常務理事有嚴家
淦、徐伯園、陳逸松、張羣、尹仲容，其他理事陳果
夫、朱家驊、馬超俊、席德懋、董顯光、任顯群，監事
陳良、李文範、鄒魯、雷震、張承槱、陳運生、王金
海。查中央銀行在大陸完全失敗，只賸總行隨政府遷移
台北，職員很少，不作營業。此次理監事之改組，保持
機構之名稱，計劃將來之開展。申叔留學護照現又發生
波折，原因外交部奉總統府六月五日代電一件，大意據
報現在政府首要子女尚在中學肄業時期，即申請出國留
學，影響士氣，動搖人心，請設法制止云云，仰該部即
予查明停發護照。外交呈復總統府，謂教育部核准出國
之學生，即應發給護照，准許出國，不可因係政府首要
人員之子女，遂剝奪其出國深造之機會，且首要之資
格，亦難確定云云。在過去不合格出國的人，不知許許
多多，如此馬後砲，未免不當。申叔係以天才畫家出
洋，當再繼續交涉，何況我不能算政府首要乎。

## 6月16日　星期五

連日霉雨將三、四星期，今日雨更大，亟望放晴，

否則田禾受災。今日陳英士先生夫人生日，我偕惟仁夫人親往祝壽，並與果夫兄晤談。

## 6 月 17 日　星期六

今日天氣忽放晴。十四、十五，美國之音在鈕約廣播毛澤東最近的演講，大意：

一、大陸經濟須三、四年後才可穩定。

二、大陸有遊擊隊四十萬人。

三、本年內須復員軍隊一百萬。

四、放棄新民主主義。

五、保護小資彥階級。

六、承認地主。

美國觀察家或有相信毛澤東將成狄托者。我們看法有兩面：

（一）策略的，想利用美國而加入聯合國，並離間台灣與美國合作。

（二）實際的，今天在大陸上，是其已感覺共產黨無論政治、軍事、經濟均面臨一個嚴重危機。

故不得不改變方針，惟雖改變其方針，而猶不能解決其問題，最後仍將失敗。

## 6 月 18 日　星期日

董文琦、孫鏡亞（號靖塵，老同志）、何人豪（號漢三，立法委員）先後來訪。文琦是東北人，現任行政院政務委員，他談過去東北之失敗，以及多年失敗之歷史。今後東北關係更為重大，能以掌握東北，安定東

北，纔能建設統一中國。

## 6月19日　星期一

　　今日端陽節，此間人士仍照習慣過節。陸軍總司令
兼台灣防守總司令孫立人今晨抵台中檢閱部隊，午後來
訪，適陳立夫、劉安琪（台灣中部防守司令）亦來訪。
彼此談談時局，認為外交重要。我主張團結中美，幫助
日本，蓋必須團結中美，纔能安定亞洲，而日本人口眾
多，生活維艱，我們在人類道義上，必須予以幫助。晚
間劉司令招待孫司令晚餐，在坐除孫外，只有我與本市
陳市長。至十時方散，孫乘夜車赴台南。

## 6月20日　星期二

　　偕麗安乘午車赴台北。

## 6月21日　星期三

　　上午到徐州路二十號，請周家肇醫師將右上門牙壞
牙根拔去，手術優良。午後教部次長鄭通和來晤談，研
究申叔出國事。

## 6月22日　星期四

　　午後請周醫生看牙，並已決定兩星期後另配一個右
門牙，需台幣九百元，周醫特別客氣，減為六百元。一
牙如此之貴，而又不得不做，奈何。訪顧墨三兄，他說
從前同事孫良翰，現在台北，生活維艱，擬設法幫助。

## 6 月 23 日　星期五

偕申叔謁于院長右任，並請閔申叔繪畫，于非常
嘉許。

## 6 月 24 日　星期六

午間大雨。洪蘭友午後三時同談。據云近月來因立
法院院長及授權行政院長兩問題影響本黨，而總裁已不
到黨部。上次中央常會推舉于、居、鄒三老同志晉謁總
裁，奉批約期晤談。局面鬧到如此地步，大家應該覺
悟，我擬俟于等見面後，再與總裁約見。

## 6 月 25 日　星期日

麗安今晨回台中。吳主席國楨上午十時來訪，據云
當前財政雖困難，要大家吃苦，纔有辦法。至美援，從
七月起每月有三百多萬物資援助，美政府對台灣態度，
要在本年八、九月間當可分曉。顧墨三夫婦來訪。

## 6 月 26 日　星期一

顧墨三約我與從前在廣東粵軍老同事孫良翰（本
戍）午飯，並有李子寬及徐汝為兄二公子培之等。

### 南北韓發生戰事

北韓突然于今日（廿六）早晨四點鐘向南韓進攻，
到了上午十一時正式宣戰，在十一個地點同時發動攻
勢。這是蘇聯向民主國家在遠東投下第一個爆炸彈，使
英、美各國措手不及，表現得相當慌張。這件事表示共

產國家隨時隨地都可以主動發動戰爭，而民主國家還是在不斷調查、不斷開會，討論還沒有結論，人家的砲火已打到了大門。韓國事件或不致引起第三次世界大戰，領導民主國家的美國，要真能及時覺悟，要澈底明白現勢危急。美國政策一錯再錯、一誤再誤，造成亞洲今日大禍，倘不從速改正錯誤，將來必自食其果。

## 6月27日　星期二

國聯大會安理會，通過美國提案：「下令韓國立即停戰，並請北韓撤回北緯卅八度以北。」美國總統杜魯門發表聲明「同情支持南韓」，並命令「將軍火趕速運往南韓」。並傳戰事在距漢城四哩處進行，南韓形勢危急。下午八時卅分，蔣總統邀我及非常委員會同人于右任、居正、何應欽、閻百川等到士林官邸晚餐，商討南韓局勢對策。當決定支持南韓，希望安理會以所有力量儘速採取行動，制止侵略。至晚十一時始散。

## 6月28日　星期三

美總統杜魯門于昨日（廿七）發表申明：「已命令美國海空軍給予韓國政府軍以掩護與支持」、「已命令美國第七艦隊防止對台灣的任何攻擊」、「已訓令駐菲律賓美軍加強以軍事援助給予菲國政府」，及「已命令加速以軍事援助給予越南法軍及越南三邦的部隊」。杜魯門總統當機立斷支援南韓，並協助亞洲反共國家。這是第二次世界大戰後，美國對亞洲第一次最堅強、最鮮明的態度，也是領導世界反共的明明白白負責之表示。

今後美蘇冷戰必日緊，亦可隨時發生熱戰，台灣得到美
國支援，對于人心士氣，尤有莫大鼓勵，我們仍要努力
改革，萬萬不可苟安。昨（廿七日）夜十二時，美國大
使代辦以備忘錄送交我國外交部長葉公超，其大意為請
求台灣的中國政府，停止大陸的一切海空軍活動，第七
艦隊將觀察此一要求是否已付諸實施。至于台灣未來地
位，應等待太平洋區域的安全恢復後，與日本成立和約
時再予討論。蔣總統于今日（廿八）下午四時在總統府
召集黨政軍首長舉行會議，我準時前往參加，研究美備
忘錄所提各項問題。討論結果，一致認為停止對大陸海
空活動可以暫時接受，至于台灣地位，應確認為中國領
土之一部份，決不容懷疑。即照此原則，婉復美政府。
于六時許散會。

## 6 月 29 日　星期四

　　南韓首都所在地漢城已于昨為北韓軍佔領。執行杜
魯門命令駐日本麥克爾瑟將軍奉命接統全軍，駛台第七
艦隊亦歸接制（麥氏間接負保護台灣之責）。美國第七
艦隊已于昨日中午駛入台灣海面巡邏，台灣人心大定。
英國宣佈派軍艦十艘到日本海面，受美國調度，這是英
國以事實表示合作。昨日（廿八）杜魯門總統說，美國
決定以美人的飛機和軍艦，至亞洲遏止共產黨前進。杜
魯門又說，想要蘇聯領袖答復他們究竟要和平，還是要
第三次大戰。美國對蘇聯態度暨明朗，正待考驗斯特林
法寶如何耳。

## 6月30日　星期五

　　南北韓戰事範圍擴大，北韓軍佔領漢城後，繼續前
進，已渡漢江。美總統授權麥克爾瑟，使用地面部隊，
空軍得飛北韓，海軍封鎖全韓。美國海陸空軍均加入韓
國作戰，南韓是否能守，尚屬疑問，因此美蘇宣戰，隨
時可以發生。美國遠東政策迅速改變，使全世界正在與
共產主義鬥爭的民主國家增加無窮信心，已有英國、印
度等卅二個國家擁護美國對韓國行動。午後（卅日）三
時卅分，行政院陳院長來訪，我提出陳立夫與伊因立法
院授權行政院長問題發生糾紛，經我調解，陳院長誤會
全消，並擬約立夫見面。嗣又與陳院長談申叔赴美國讀
書受阻之經過，請陳在可能範圍內幫助。計談一時卅分
之久。今日與陳院長談話，陸心亙亦在坐。陳表示，禮
老凌空，居心無他，所以大家推重。

## 7月1日　星期六

　　行政院副院長張厲生兄上午來訪，仍談因立法院糾紛，陳辭修、陳立夫二人之誤會，力主調解，以及申叔出國受阻事。其結論：

一、仍請外交部照教育部核定發給護照。

二、將來有外交官員（如大使、公使、特使等）出國，以隨員名義帶往美國。

蘇聯對北韓撤兵事，直率拒絕美國要求使用其影響力量結束韓國戰事，並指戰事係由南韓惹起，堅持不容許干預韓國原則，戰事責任繫于南韓及其支持人（指美國）。

## 7月2日　星期日

　　昨、今兩日中央黨部負責秘書洪蘭友、鄭彥芬、張壽賢來訪，都認為國民黨前途困難，必須另有一套改良辦法，方可挽回。

## 7月3日　星期一

　　上午回訪徐月祥、吳廉泉，他二人對于軍事都有研究。徐曰中國軍人思想不進步，不能運用科學現代戰爭。吳曰美國飛機飛行高空與速度，均超過蘇聯飛機。

## 7月4日　星期二

　　蘇聯猛烈抨擊美國，要求安理會下令美國撤出韓國。南韓軍自漢城失敗後，改守漢江又崩潰，死守江原待美國援軍，又為北韓軍突破。今後韓國戰事演變，專

待美軍一戰耳。傅維新介紹郭雁翎于午後來晤。郭係合肥店埠人，在東南大學畢業，善長文學，現在警處任主任秘書。

## 7月5日　星期三

韓國戰事，美軍已第一次參戰水原以南。昨午戰局突轉，共軍繞擊美軍側背，美軍前方部隊遭受包圍，美軍對此顯係無法應付。美軍在韓作戰，有初期失敗之可能，美國人性情驕急，或有在韓施用原子彈可能，果爾韓人慘矣。

## 7月6日　星期四

上午八時半出席管制出國人員審查小組會。上午九時出席中央常務會議，推我主席，通過黨務經費分配等例案。十一時散會，與于、居、鄒、李諸先生遊覽新公園。中午十二時，蔣總統在台北賓館約右任、覺生、亮籌、惕生、百川、海濱、敬之、岳軍、君佩、辭修、鐵臣及我與蘭友等午餐。席間總統表示對于出兵援韓，既已向聯合國安全理事會切實申明，切到好處，今後不再請求。又對于黨務改造，擬照去年所擬定草案，提出請大家研究。飯後我單獨與總統簡單談話：

（1）援韓可不再表示，吾人以保全實力、整理內部為當前唯一最高之原則。

（2）將來反攻大陸，必定有許多種勢力突起，如遊擊隊、如中共叛變軍隊、如受他方策動軍隊，以及五花八門名義軍隊，此等隊伍不一定擁護國民

政府。總統曰那麼怎麼辦。答曰我們預先要有計
劃，必定要用民主方式去運用，現在美國與我們
合作，尤其要用民主作風。我曾迭向總統說過，
你要出山，要用民主方式，民主政治就是法治，
亦就是鬧意見與疏通運用的政治。總統連說很
對、很對。

（3）陳立夫回到台中報告，前次立法院風潮之經過，
認為時間倉促，技術不夠，確未辦好，使總統發
氣，他非常惶恐，他居心無他。但立夫在總統引
退時，很有幾件事努力的表現，立夫託我向總統
解釋。立夫與總統關係之深，如同家人父子，請
勿介懷。總統表情十分喜悅與愉快。

晚八時宣傳部長張其昀（曉峰）來訪，談時局。他對申
叔繪畫十分嘉許。


## 7月7日　星期五

水源以南美軍先頭部隊戰事不利，向後撤退。北韓
共軍竄過水源後，猛攻大田美主戰地，全線六處接觸。
美軍在韓地位，已漸臨困難。上午請周醫生補牙。下午
四時出席中央銀行理監事會議，至六時散會。


## 7月8日　星期六

美軍又向後撤，共軍攻勢更猛。聯合國安全理事
會，昨日已正式通過授權美國，任命麥克爾瑟為聯合國
韓國戰鬥軍的最高統帥。美國調動海陸空三軍，不能平
定韓國戰事，反而節節失利，美國威望大受影響。就各

方情形觀察，必有較韓國戰事大的事件發生。上午請周
醫看牙。

## 7月9日　星期日

上午回看朋友陳雄甫、黃金濤、白建生、胡建中諸
君。何敬之夫婦來訪。

## 7月10日　星期一

上午請周醫生看牙。申叔近來繪畫非常進步，使我
非常安慰。關于出洋事，祇有暫時冷淡，順應自然。

## 7月11日　星期二

近日李運啟諸友來看申叔作畫，都譽為天才，但政
府未能注意栽培一切天才青年，所以老大中國一切落
後。請周醫生鑲牙。

## 7月12日　星期三

北韓共軍全力南犯，大田外圍激戰，戰事在大田以
北通道發生，美軍已向後退。某一連兵士共一百四十八
人，退回時僅餘卅名，據估計百分之八十傷兵都被放棄
于戰場。大田情勢危急，隨時有為北韓軍攻下可能。

## 7月13日　星期四

立法委員謝澄宇，政府派赴南洋各國募公債，已募
三百萬美金。昨日午後謝氏偕陳頌平來見。據云此次經
越、泰、馬來亞、印尼、菲等小國，他們地方都不安

靜，無自衛能力。午後請周醫生看牙，本星期六鑲補，大約約可以完成。黨營事業興台公司，因案被封，董事長洪陸東兄午後來請我幫忙。答曰公司既被封，應該召集董監會報告經過，商善後，又一切黨營事業向歸中央財務委員會管理，應即向該會報告及請示，這是一種正當不移辦法。曾伯雄今日清晨回台中。

## 7月14日　星期五

陳立夫由台中回台北，上午十時來晤。我將伊託向蔣總裁、陳院長疏解，因立法院糾紛對陳之誤會，說明疏解之經過，陳非常滿意。我又勸立夫應採退守主義，將來機會甚多，不必重視目前，陳亦深以為然。麗安午後由台中來台北。總裁約我與右任、覺生、百川、岳軍、敬之、君佩、惕生、鐵臣、辭修、彥芬、少谷、振剛，于午後七時在士林官邸晚餐。總裁提出本黨改造三個重要文件：

甲、關于實施本黨改造之說明。

乙、本黨改造綱要。

丙、本黨改造之必要措施及其程序。

文件中關于促進本黨之改造，採取下列之措施：

1. 第六屆中央執監兩委員會，均停止行使職權。

2. 成立中央改造委員會，行使中央執監委員會職權。中央改造委員會名額為十五人至廿五人，由總裁遴派之。改造委員會人數較少，事權集中，可責其實際之成效。

3. 設中央評議委員會，為總裁之顧問，對黨的督導改

造，監察腐惡。評議委員會名額定為廿一人至卅一
人，由總裁聘任本黨有功績、有德望同志，薈萃各
種種意見，將獲集思廣益之功。

總裁就三個文件詢問各人意見，歸納各人答復，一致贊
成改造。應先向中央執監委員說明，新委員人選必須慎
重。以我最公正評論，國民黨不能貫澈主義，不能精誠
團結，種種錯誤，種種貪汙，一敗塗地，不可收拾，久
為中外人士所不恥，尤為人民所痛恨。現在只有台灣孤
島與六十萬軍隊，若不從速澈底改造，則必為人家澈底
銷滅而後已。

## 7月15日　星期六

上午請周醫生看牙，大體完成。方希孔兄來晤談，
據云他月前往日本遊覽，會見日本朝野人士，都認為日
本軍閥誤國，不應該發動第二次大戰，尤其不應該發動
對華戰事，並推重蔣總統。

## 7月16日　星期日

立法委員廣祿來晤，據云諸立法委員對于總統都是
很好的，惟以現在代總統奔走聯絡的人，大家認為都是
小人，希望總統改派有聲望公正人員代為聯絡，必定收
良好結果。又云關于以通敵罪宣布死刑之立法委員劉如
心，很多立法委員認為罪名不夠，下次開會時，或將向
政府提出詢問。

## 7 月 17 日　星期一

周醫生家肇補牙，今次完成一切鑲補。周醫技術精詳，性情和平，為牙醫中不可多得之人才。英國決心保衛香港，並謂在戰爭爆發之後，美國可以協助。又英國宣布，英國已停止使中共參加聯合國之努力，這又是英國另一種資態。

## 7 月 18 日　星期二

錦江防線終于崩潰，美軍在韓共部隊人海戰術、滲透戰術的壓迫下，昨日放棄大田。這是南韓政府所在地，此地淪陷，影響美軍聲譽非常重大。晚八時何敬之、顧墨三來電話，約我到何宅見面，隨即前往，稍頃張岳軍亦到何宅。何出示張文白上總裁函，仍主張和平，請蔣總統下野。此等舉動，實在糊塗幼稚。經會商後，擬明日由何將此函呈送總統核辦。張致何函，並云有同樣函分致我與岳軍、辭修三人，但我們尚未收到。

## 7 月 19 日　星期三

晚八時孫立人夫婦來晤。據孫云日前受總統訓誡之經過，表示環境困難，無法辦事，將來更無法負作戰責任，擬請辭職，問我意見。答曰你如現在辭職，難免有要脅之嫌，就是辭職，亦要有辭職技術，決不是如此簡單的。古人云「上台容易下台難」，我對們問辭職事，尚須詳加考慮。

## 7月20日　星期四

　　晚八時總統招待美國人威廉博士晚餐，因威廉是中國國民黨黨員，故約我與于、居、鄒諸老同志作陪。餐後于右任老同志向總裁表示，對于本黨改造委員由總裁遴派，似不民主，招人議論，請改為總裁推薦如何。當由總裁接受。

## 7月21日　星期五

　　麗安今晨回台中。伯雄午後由台中回台北。陳立夫上午九時來談。據云總裁已批准其出洋，我深表贊同，他本人亦認為滿意。總裁約我于上午十一時在總統府見面。總裁首先問我現在政局觀感，當即答：

（一）有關黨的改造問題，黨如同家庭，總裁是家長，政府如同公司。家庭與公司情形不同，所以改造黨務要顧及不影響立法院（立法院委員，國民黨員絕對大多數）。

（二）我們要信用本黨同志，在歷史上，本黨用黨外的人，吃過很大虧。

（三）現在國際正在演變，我們外交人選應當格外注意。如同吃飯，吃中餐當然用中國廚司夫，今天改吃西餐，當然用吃西餐廚司夫。總統曰很對、很對。

正談間，張岳軍、黃少谷先後亦到。總裁即與我們談本黨改造委員，由總裁遴派有三個理由：

1. 如由常會選舉，恐意見紛歧。

2. 改造委員定為廿五人，擬先發表十五人。如此十五人

由常會選舉，將來常會停使職權，其餘如何產生。

3. 常會停使職權，將來更換改造委員，又將如何。

囑將此意轉于先生，當即偕黃少谷兄前往，將上項理由轉告于先生。于表示總裁主張決定接受，不過新的改造，不一定比舊的好，我們現在不能再出事，美國人就是看我們能民主與否，決定他的援助程度。就是立即召開本黨全體會議（中央執監委員），總裁提出改造委員名單，一定可以通過的，用民主方式是大家負責，為何要總裁一人負責。我們改造本黨如果失敗，在美國、在香港以及李濟琛等等國民黨人，借此號召，甚至來一個護黨運動云云。于先生說話很多，都是愛護本黨。當即由黃少谷兄將于意報告總裁。

## 7 月 22 日　星期六

上午十時出席中央常務會議臨時會議。本次常會專案討論有關本黨改造問題，計出席委員于右任、居正、陳濟棠、何應欽等五十餘人，蔣總裁親臨主持，並說明改造方案後，提請核議，希望常會慎重討論。經各委員逐條討論修正後，即全案提表決，全體一致通過如下之決議：「本案承本黨以往之歷史，應當前革命需要，並循全黨同志要求，歷經慎重研議，復經總裁審訂，應予通過，迅付施行。」隨即圓滿散會，已午後一時矣。此亦中央常務委員會末次之會議也。足足花費了一年時間，具體改造方案纔能提出，其中最要的一點，便是六屆中央執行委員會及監察委員會職權停止，而代以十五人至廿五人的改造委員會。蓋黨必須永遠青年，否則必

為歷史所淘汰，改造工作，千頭萬緒，要一切從頭做起。改造委員必已明瞭自身責任之重大，更須明瞭過去受派系傾軋，人事紛爭所牽累，以致腐化、惡化，受人分化而失敗。我預祝改造會的成功，倘再蹈過去失敗之覆轍，亦或另造新派系，則萬劫難復矣。

## 7月23日　星期日

申叔今午後由台中回台北，以他當前環境，只有繼續作畫與調養身體，為唯一的辦法。

## 7月24日　星期一

中央常會既已結續，我無在此之必要，此時專為辦理申叔出國事，留住台北。申叔運氣不佳，能否成功，毫無把握，當作最後努力。陳立夫來訪，據云現正辦理出國護照，並擬明日回台中。

## 7月25日　星期二

美軍仍在南韓節節失敗，新陣地永同又為北韓軍攻破，南韓西南之木浦海軍重地基地，亦為北韓佔領。美軍如此敗退，將來釜山橋頭堡能否守穩，尚屬疑問。

## 7月26日　星期三

蔣總裁于本日午後五時，在台北賓館召集國民黨中央委員舉行茶會。詢問各委員對改造方案意見，出席委員一致贊成，並先宣布改造委十六人，計陳誠、張其昀、張道藩、谷正剛、鄭彥芬、陳雪屏、胡健中、袁守

謙、崔書琴、谷鳳翔、曾虛白、蔣經國、蕭自誠，沈昌煥、郭澄、連震東。蔣總裁聘任評議委員廿五人，其名單如下：吳敬恆、居正、于右任、鈕永建、丁惟汾、鄒魯、王寵惠、閻錫山、吳忠信、張羣、李文範、吳鐵臣、何應欽、白崇禧、陳濟棠、馬超俊、陳果夫、朱家驊、張厲生、劉健羣、董顯光、王世杰、吳國楨、章嘉、張默君。此次本黨改造最大作用，應在于恢復黨的新陳代謝，而能與新時代並進，希望新委員向新生推動。

## 7月27日　星期四

蔣總統今午十二時，在台北賓館招待我與于右任、居覺生、閻百川、鄒海濱、吳鐵城、鈕惕生等十餘老同志午餐。我昨日致庸叔、光叔兩兒信各一封，此乃盡為父之道耳，盡為父之責耳。

庸叔覽：

學校先生對你的評語「糊塗懶惰，情緒易變」，我非常感佩這位先生評語準確，你應把此作坐右銘，終身莫忘，你一切錯誤與吃虧，都不能超出此評語。你要多做靜字功夫，行止要定，不可到處亂衝，說話要少，不可信口開河。知道你的人，不敢與你說話，更敢與你做朋友，不知道你的人，對你容易誤解。你要詳加檢討，立下決心，痛改前非，否則聽你有多大聰敏，讀書有多大成功，結果還是要失敗的。古人云「知子莫若父」，我認識你十分清楚，你若仍自以為是，則將來不但吃苦，而且闖禍。好在你的心地不壞罷了。

光叔覽：

你的性質與庸叔大大相反，不糊塗、不懶惰、不情緒易變，這是你的優點，但你的心地沒有庸叔忠厚。你說話必定要切實，不可以五字硬要說是十三。你是弟兄中年齡最小的，若有毛病，亦是很容易改的。你今後如能公而無私，說話確實，則前途光明無量也。

## 7月28日　星期五

關于在台國民大會代表聯署提出罷免李副總統聲請書一案，中央常會推定居正、吳忠信、何應欽、朱家驊、李宗黃五人，約請在台國民大會代表聯誼會幹事會、本黨同志說明疏解，故于本日上午十時，假台北賓館約談。我于九時前往，先與居等交換意見，再與國大聯誼會同人見面，推居主席。先由五人分別說明對于罷免副總統李宗仁案，在法理上言是合法的，然以目前國內外形勢言，最好緩辦。繼由與會代表發表意見，一般認為原則上願服從黨中之指導，惟罷免李宗仁案，似應繼續進行。一面將今日會談情形，由聯誼會各幹事轉報各省代表，再行決定。至十二時許散會。

## 7月29日　星期六

申叔以青年天才畫家出國深造。蔣總統尚不知申叔能以繪畫，故擬日間將申叔最近作品二十張送呈蔣總統。今日已準備齊全，特請本黨藝術專家張道藩先生，于本日午後三時來本宅閱看。張于每張細閱後，聲稱申叔確是天才。

## 7月30日　星期日

本日上午回拜劉任夫、谷叔常、盛晉庸、張元夫，及同鄉劉啟瑞、郭雁翎等。

## 7月31日　星期一

申叔出國事，以其本人名義，檢同作品廿張上書蔣總裁。于今日請總統府機要室主任周宏濤先生來家，托其面呈。此信甚長，約二千字，簡單言之，其大意為：

敬悉總統據報以政府官員子女，因海南撤退，紛請出國留學，經抄附名單，電令停發護照，申叔亦在該項名單之內。惟：

（一）遠在去冬，已呈准教部發給護照，祇因經費無著，稽未辦理。

（二）今春家姐由美來信，允將鈞座賜予學費餘款，撥歸使用，乃以天才畫家資格，檢同作品，申請出國留學，亦經教育部令准。

（三）家父被聘為資政，不能視作官員。

（四）名單中各人均已早經出國，受到電令限制者，實僅申叔一人。

（五）世界各國對于天才教育，不受普通規程限制，用敢檢同作品，仍請賜于查照原案，發給留學護照等語。

近年來余奔走國事，席不暇暖，以致對於申叔事無人料理，且缺乏金錢，以致延誤。再則報告總統之人，對于名單內各人早已離台一節未曾明瞭，尤其對于申叔具有繪畫天才，更屬茫然。且出國事，教育部負有審查專

責，總統據報後，儘可照例交查，似可不必下令停發護
照也。本晚八時教育部長程天放來訪，我與談及申叔出
國事，程說他事先並不知道申叔吳老先生世兄，是根據
審查及格，依法轉電外交部發給護照者。

## 8月1日　星期二

　　美國駐日本統帥麥克爾瑟將軍，昨午飛抵台灣，訪
蔣總統，商討軍事。此行對于世界和平極具影響，與目
前台灣形勢更加堅強，台灣人民歡欣感奮。麥氏于本日
上午十一時離台飛返東京。麥帥臨行發表申明，此次來
台目的在考察台灣抵抗可能攻擊潛在能力，杜魯門早以
宣稱美國之政策，台灣以及澎湖群島在現狀下不應受到
軍事侵略，余之責任與余堅定之目標，即在執行此決定
云云。

## 8月2日　星期三

　　陸心亙偕周雍能來談立法院組織政團之重要，及他
們所組織一四坐談會情形，想我將他們組織以及他們希
望報告總統。

## 8月3日　星期四

　　上午偕李崇年回拜寶子敬、鄧宏業、鄧公玄諸立法
委員，以及交通銀行董事長趙棣華、常董趙淳如諸君。
陳立夫將于明日出國，特來辭行。余告伊，出國時間愈
久愈好，俾可多明瞭世界新進步。

## 8月4日　星期五

　　自南韓戰事發生，美國決定保衛台灣，派第七艦隊
巡邏台灣海面，使台灣形勢為之一變。今日更進一步，
該艦隊一部（巡洋艦、驅逐艦）今日到基隆訪問。美國
噴氣式飛機今日飛來台灣協防，該機群在市空飛行表

演，一架接一架，係出槍膛連珠彈，帶著噓噓怪聲，轉
眼間已飛過去。美國宣稱即派金融專家來台協助。美國
已決定援台軍火，並加強經濟援助。蓋自抗日勝利後，
馬歇爾來華調停國共衝突失敗後，以至整個大陸淪陷，
最後侷處台灣島上，風雨飄搖，大有朝夕難保之勢。今
者韓戰發生，國際局勢急劇轉變，于我有利，使美國不
能不借重台灣。麥帥來台後，已有上項實際援助之表
現，今日更派其副參謀長率同軍事人員廿餘人飛抵台
灣，設立聯絡機構，更使台灣穩如磐石。至此可謂為最
近三年來我國最盛時期，亦可謂為黃金時代，究應如何
把握時機，轉敗為勝，轉弱為強，則有待吾人小心謹
慎，努力邁進也。

## 8月5日　星期六

今晨十時，本黨中央改造委員會舉行宣誓就職典
禮，我們評議委員及中央常務委亦均被約列席。蔣總裁
親臨主持並訓話。

## 8月6日　星期日

前後勤司令部郭悔吾（懺）日前在台北病故，今日
在極樂殯儀館開弔。又故友戴季陶兄繼配趙夫人，上月
在城都病故，亦于今日在十普寺開弔。余因友誼關係，
特于上午分至郭、戴兩家祭弔。新任中央改造委員會秘
書長張其昀午後來晤。他云秘書長責任重大，請我隨時
協助。我認為此次用張為秘書長最為適當人選，張氏學
術、經驗均極豐富，堪為當時之人才。晚七時半王東原

兄招待我們晚餐，在坐有端木鑄秋、劉白如、馬木軒、黃伯度、胡建中、徐健青（鼎）、鄭西谷諸同鄉，你們都是同鄉中優秀者。晚九時半，張道藩兄來與申叔談作畫事，並送申叔許多畫譜，皆是難得之物。麗安本日（六日）午後由台中來電，接高雄沈季英朋友來電云，季英本日去世。麗安擬今夜車前往高雄料理季英善後，請伯雄由台北乘夜車到台中見面，一同前往。季英係麗安內堂姪，現在海軍泰康艦任上士，駐左營。

## 8月7日　星期一

陸星亘、周雍能再來談立法院派系問題，最困難是立法院無重心，深感群龍無首，一盤散沙，必須蔣總裁直接領導。但總裁對立法院不能命令立法委員，更不能罷免立法委員，只能用民主方式運用立法委員。總統府第一局局長黃伯度兄午後七時來訪，據云他曾與周宏濤談及申叔出國事，並看見申叔繪畫及上總統函。周云日間將申叔函與畫呈總統閱覽。伯度對申叔畫十分嘉許。

## 8月8日　星期二

伯雄今晨由高雄歸來，據云沈季英係六日午後由左營乘腳踏車赴高雄，途中與永康艦一個兵士由高雄乘腳踏車赴左營，兩車行走太快互衝，季英當時斃命，對方亦受重傷，生命難保。季英遺體即于七日午後在高雄火化。伯雄偕麗安、庸叔于昨夜車南返，麗安、庸叔在台中下車。季英身體強健，性質良善，如此青年如此結果，良可惜也，真是一失足成千古恨。

## 8月9日　星期三

今日上午十時，蔣總統在總統府召集資政及國策顧問舉行第一次會談，商討時局各項問題，我準時出席。經各資政、顧問先後發言，至十二時半散會。本晚八時孫總司令立人夫婦來訪。我勸立人，你現在地位（陸軍總司令）這樣高，責任這樣重，當然難免人家對你不滿，所謂十目所視，十手所指是也，你要慎重將事，從大者遠者著眼。如向政府請求事件，政府允許固好，不允許亦不必勉強，尤其不要輕于得罪人，對自己幹部更不必得罪。如在法的方法，雖得罪人，也是應該的。寄嶠對你是最幫忙的，但往往環境不許可，以致左右為難。立人說很明白的，並表示接受我的意見。計談一小時。他夫婦很讚揚申叔繪畫。

## 8月10日　星期四

午十二時參加蔣總裁在台北賓館招待本黨評議委員廿餘人午餐，由新任改造委員會秘書長張其昀報告改造委員會成立經過，與內部組織、人事等等。嗣又談及依上屆國民大會決議，本年十二月廿五日應召集國民大會臨時會，討論修改憲法，及授權總統補充條例應否繼續兩案。蔣總裁認為此時不宜召集，應待反攻大陸纔可召集，大家亦以為大多數國大代表均在大陸，無法送達開會通知。至午後一時半散會。就我看來，將來國大代表、立法院委員本身都有問題，都是要影響政府的，如不善于運用，可能發生政治糾紛。杭立武兄來訪，我問他有人主張組織自由黨，現時情形如何。杭云胡適之不

參加，是蔣廷黻主張，當前已停頓。杭日間將奉命赴港。司法院秘書長馬木軒（壽華）來訪，他能繪畫，對于申叔畫頗嘉許。

## 8 月 11 日　星期五

今日分訪青年黨陳啟天、民社黨蔣勻田，交換時局意見。

## 8 月 12 日　星期六

得台中來信，光叔于本星期三（九日）正午騎自行車不慎與人互撞，致使左臂曲肘處脫節，經節骨專家廖醫師診治，約一星期即可痊愈。沈季英撞車斃命，不數日光叔又撞車受傷，所謂禍不單行。亦是光叔不知警覺，不自當心之故也。今日上午訪杭立武，因他將赴香港，特託他代申叔購繪畫宣紙及顏料。居覺生、于右任兩先生于本晚六時半在台北賓館宴請威廉博士，邀我與鄒海濱、馬超俊、鄭彥芬等作陪，由陳石泉任通譯。至九時許盡歡而散，並攝影以留記念。

## 8 月 13 日　星期日

上午回看黃伯度諸友好。

## 8 月 14 日　星期一

閻百川先生招待駐美大使顧少川先生午餐，邀我與王亮籌、何敬之、張岳軍等作陪。我並詢顧，李德鄰在美情形。顧云，李住在紐約市外，很少外出，他與李已

將三月未見面。

## 8月15日　星期二

連日國大代表、立法委員來晤甚多，都以十二月廿五日召集國民大會臨時會，及立法院滿期改選兩大問題。就現在台灣內外形勢，國大無法夠召集法定人數，立法院改選，現只有台灣一省，更難舉辦。我向他們說，大家應以大局為重，共體時艱。本日午後與國民大會秘書長洪蘭友談話，他說國民大會應依法召集，不足法定人數，則不開會。徐次辰（永昌）午後六時來訪，彼此談談過去失敗的經驗與未來的希望。計談一小時。

## 8月16日　星期三

楊子惠（森）兄來訪。據云中共自己承認因幹部腐化，以致金融、經濟、人心都已失敗，如第三次大戰立即發生，中共作戰毫無把握。其金融則通貨澎漲，如同盲腸炎。其經濟則生產減少，如同貧血。其人心則反對共黨，如同肺結核。

## 8月17日　星期四

午後四時參加中央黨部招待菲律濱華僑台灣考察團全體團員，該團四十九人都出席，中央評議委員及改造委員分別演講。至六時五十分散會，攝影以留記念。

## 8月18日　星期五

中部防守司令劉安祺上午來訪，談及此次中部軍隊

演習頗有成績，士兵待遇亦較前良好。

## 8 月 19 日　星期六

乘上午八時半車回台中。自六月廿日（陰五月初六日）赴台北，至今日回台中，整兩個月。在兩月前，沿途稻作物將成熟，今則不但豐收完畢，而且第二期新禾均已種齊。如能不經大風，則全台食糧無憂矣。

## 8 月 20 日　星期日

午後偕惟仁夫人看蔣老太太。

## 8 月 21 日　星期一

訪陳果夫、沈成章及陳市長等。果夫近日肺疾復發，臥床不起。

## 8 月 22 日　星期二

前駐新疆騎兵第五軍軍長馬呈祥，由開羅經菲律濱，于今午飛抵台北。我前主政新疆，得馬氏幫忙之處甚多。

## 8 月 23 日　星期三

美國駐台北大使代辦史樞安奉調返國。史與李先良友善，李特往台北為史餞行。據李云，史對中國台灣批評不佳，認為中國不民主，不依法捕人。

## 8月24日　星期四

立法院副院長代理院長劉健羣兄午後來訪，暢論國
大代表、立法委員開會，以及選舉院長，與夫國際形勢
等等重大問題。我強調現在台灣局勢較為安定，萬萬不
可發生新的事端。

## 8月25日　星期五

內政部余井塘、民政司長高應篤來台中出席故宮博
物保管委員會。上午來訪，談及一般政治，必須走民主
道路。我說大家要顧求大局，不可吹毛求疵。

## 8月26日　星期六

上午回拜余井塘、程天放兩部長，劉建群代立法院
長等，又分訪陳果夫、佘凌雲諸兄。果夫日前肺病復
重，現仍臥床，接談之中，對時局前途，頗有悲觀之
感。午後吳寶雲來訪，係我家教英文古先生介紹來見。
寶雲日本士官畢業，再進本國陸大，現在國防部任少將
高參，東北人，年富力強，前途有望。

## 8月27日　星期日

陸心亘兄由台北來台中，午間約佘凌雲一同來晤，
仍談立法院問題。陸、佘都是立法委員，陸參加該院
一四坐談會組織，佘參加中社組織，陸、佘二人都是各
該組織中間份子，他二人對我向來尊重，所以特來詢我
意見。據陸云，政府有將立院延期一年說，但因權限問
題有所考慮，又有主張立院自行宣布延期，或立院自行

宣布長期休會等等不同意見。我的主張要顧全國內外形
勢，及憲法上可以說得通之原則下，由大家平心靜氣，
研究一個適當辦法。

## 8 月 28 日　星期一

　　白健生日前來電云有事託幫忙，擬到台中見面。答
以我準今日赴台北，請他不必來台中，故于午車赴台
北。崇年等車站迎接，適大雨，隨即往晤健生。據云因
廣西省自辦一批價值七十萬香港幣軍用毛毯、水壺，已
交中央，請中央歸還墊款，數月無結果，請我幫忙。省
參議會議長黃朝琴上午來訪，政府派他出席聯合國大
會，將于下月上旬飛美。國際如此爭鬥，他們責任更
大，要在他們努力。

## 8 月 29 日　星期二

　　前駐新疆騎兵第五軍軍長馬呈祥因新疆事變，他與
彥龍越崑崙雪山逃出新疆。馬到巴基斯坦後，即赴麥加
省親，日前偕家眷飛抵台灣。中央因呈祥有功西北，特
加優遇。今晨特來晤，我除慰勞與勉勵，特別感激呈
祥保護彥龍脫離新疆。午後四時出席中央銀行理事會
議，討論民國四十年本行業務及反攻大陸計劃。我簡單
說話，過去大陸失敗是在政治經濟，今後必需政治民主
化、經濟生產化，因此中央銀行責任更大。過去中央銀
行太浪費，應該辦的事不辦，不應辦的事要辦，使一般
買辦從中發財，我們今後定要打倒誤國的買辦。

## 8月30日　星期三

【無記載】

## 8月31日　星期四

蔣總裁中午十二時在台北賓館約評議委員談話，並午餐。餐後由改造委員會秘書長張其昀報告最近工作，又提出改造委員即將發表本黨現階段政治主張，都認為文字太長，應予修改。本日上午張岳軍、陳伯蘭來訪，暢談國際形勢。昨日（卅日）未出門，亦無事，故未記載。

## 9月1日　星期五

　　蘇俄向安理會控訴美國侵略台灣案，安理會已將此
案列入議事日程。我國代表蔣廷黻發表嚴重聲明，反對
列入議程，謂安理會若開此惡例，將遺惡無窮。現在國
際局勢隨時變化，都要影響台灣的。在南韓戰事未了之
先，可能援南韓例，由聯合國共保台灣。如美蘇對南北
韓妥洽，北韓軍退回卅八度，台灣可能由聯合國託管。
何況美總統杜魯門聲明：「如果韓國問題接束了，就沒
有把第七艦隊在台灣的必要，到那時自然撤退。」到那
時，甚至美國承認中共政權，國民政府代表退出聯合
國。台灣國際關係如此嚴重，其前途係于美蘇之和戰，
不管國際環境壞到如何地步，要在自家有決心。好在台
灣政治、經濟均極穩定，社會秩序亦極良好，軍隊整理
亦頗有進步。如能順序邁進，不另生支節，未嘗不可挽
回與我不利之國際形勢也。

## 9月2日　星期六

　　丁墨農、施復昌來見。丁係台灣航業公司基隆分公
司經理，施係中國油輪公司總經理，暢談中國航業情
形，與該兩公司之實力。今日接晤立法委員王寒生、范
苑聲、佘凌雲多人，均以立法院本身有三個問題：
一、本黨黨團之組織。
二、選舉院長問題。
三、本屆立法委員到期改選問題。

## 9月3日　星期日

今日是抗戰勝利五週年紀念日，蔣總統親率中樞文武百官一千餘人，于上午十時在圓山忠烈祠隆重舉行秋祭陣亡將士暨死難同胞典禮。我與于院長右任、谷委員鳳翔同車前往參加。祭堂佈置簡單嚴肅，清香縈繞，燭光照耀。今日如與五年前今日之相比，真有不堪回首者也。

## 9月4日　星期一

政府因當前環境，關于國民大會于十二月廿五日臨時大會下令從緩召集，國大代表認為政府不免專斷，頗多議論。中央改造委員會訂于本日下午五時，蔣總統以本黨總裁身份，約請台北國大代表本黨同志舉行茶會，有所說明。託我于茶會舉行之前，分別向本省代表婉為疏解，俾于談話會時得有圓滿結果。我于今日上午分別向本省代表鍾鼎文、章正綬、陳獻南、吳殿槐、胡鍾吾等疏解，他們表示對蔣總裁應該尊重，惟總裁左右辦事人把持，令人不滿。午後五時至中山堂光復廳參加茶會，首由蔣總裁致詞本黨改造之經過，再說明停開國民大會臨時會原因。大意黨國正在風雨飄搖之中，此時而言開會，不但非民眾所希望，而事實上亦無法集合法定人數舉行會議可能，只要情勢許可，將隨時促請政府召集會議。總裁致詞畢，由代表芮晉、葛崑山、劉宜廷、胡鍾吾、林紫貴、湯志先、何龍慶多人相繼發言。至七時圓滿散會，糾紛多時國大開會問題，至此告一段落。

## 9月5日　星期二

　　上午陸心亘介紹鳳台人龔玉書、靈璧人馮文成來見，他們都是軍校出身，都是少壯有為之士。青年黨王師曾（現任行政院政務委員）與蕭傑英女士，下午四時在中國之友社舉行接婚典禮，我偕昆田親往道賀。

## 9月6日　星期三

　　老友張靜江先生于本月初三日在美國紐約逝世。張先生參加革命工作，將家財捐助本黨。國府定都南京，張先生任建設委員會委員長，擘劃建設事業，成績卓著，其思想之新穎，計劃之周詳，非常人可及。暇時亦愛作書畫，品致高逸，與我私人感情甚深。他與我最後見面，係在抗日時期，南京將撤退前數日。他住在南京城外湯山，那時城內人心惶惶不可終日，他將往漢口，他說「你現在還來看看我」，言下似有感慨之意。我勸他不必憂慮，趕快離開南京。我們老友又少一個，擬即飛函弔唁。

## 9月7日　星期四

　　近兩日所見的客，多是國大代表、立法委員，所談都是不切實際，亦無實際可談。回看徐次辰諸君，暢論西北過去之失敗，以及將來仍大有希望。我的人生觀之比較，就是「學問向上看，與學問高的人相比較，生活向下看，與生活低的人相比較。」能如此，纔易進步，纔能滿足，更纔能不闖禍。今之人乃相反之比較，所以天下大亂。

## 9月8日　星期五

　　申叔出國請領護照，經過數月之久，多次波折，無量煩惱，至今日上午，始由外交部將護照發給。今後問題，全在美領館考試外文、檢查體格，可能另生支節，如能順利通過，方能簽證。最後再向政府請准出境證，始能購機、船坐位，安然出國也。出國手續之繁，問題之多，隨時可以發生阻礙，誠有不可想像者也。前次申叔上蔣總統函，尚未批復。據聞行政院簽呈總統，請撤銷六月五日官員子女出國禁令，經總統批准，由行政院行知外交部，所以外交部電申叔去領護照。

## 9月9日　星期六

　　申叔偕外文教師蘇康（父是中國人、母美國人），今日上午赴領館接洽簽證。據云美領今日無暇，約下星期二再去。前中國戰區何總司令應欽，以本年九月九日為接受日軍簽降五週年紀念，特于午後八時在台北賓館舉行茶會，並放映中國抗戰電影片。我應約準時前往參加，計到中外來賓二百餘人，至十一時盡歡而散。

## 9月10日　星期日

　　我無汽車，出進坐三輪車，或搭友人順便汽車。每逢星期日，借友人半日汽車，回看朋友，通常都是劉抱誠汽車。今日午後再借劉，回拜楊亮功、張岳軍、楊子惠、孫德操、姚味辛、王東原等十多友好。據王東原云，陳行政院長有倦勤意。蓋自陳任院長以來將半載，對內對外尚屬平穩，應該勉為其難，繼續努力。

## 9 月 11 日　星期一

　　前財政部長關吉玉來訪。據云現在台灣經濟、金融，就表面看似甚穩定，但內容則不然。台幣發行雖以不超過兩億為原則，但另有輔幣發行五千萬，額外維持工業發行五千萬，再用去黃金、美鈔以及外匯等等，其數字何只兩億。尤以金價太低，黃金外流，以致軍民人等生活較一年前高長四賠。在重慶抗日時間，中等人家有一兩黃金可以過活，今則需三、四兩黃金。如此情形，相當危險，可惜大家尚不知道此種穩定是假穩定，唯一希望是美國援助云云。

## 9 月 12 日　星期二

　　美國負責遠東事項的助理國務卿魯斯克，在退伍軍人會演講，美國遠東政策，保持中美傳統友誼，繼續經、軍援助台灣，表明美國對中國毫無侵略企圖，堅決主張台灣與中國大陸中止衝突，不承認任何集團替俄肢解中國，贊成成立太平洋區域安全公約等等。這是美國第一次最明顯對遠東表示，就看說話算數不算數。

## 9 月 13 日　星期三

　　美政府發表馬歇爾將軍為國防部長，各方面觀感不同。有說馬氏出山，可以戰，亦可以和。美國放棄其支持蔣總統，是從馬歇爾任國務卿時開始，艾奇遜繼承了馬歇爾未了工作，終于一年前發表對華關係白皮書。今次馬氏出山，其態度是否改變，且看將來。又有說，馬氏出山在第三次大戰未發之先，他可能協助國務卿艾奇

遜與蘇俄及英國結合，而促成美國承認中共政權（艾奇
遜是以馬歇爾為後台的）。我們台灣居被動地位，前途
很難推測，根據魯克斯演講，是可樂觀的。

## 9月14日　星期四

今午十二時，蔣總裁在台北賓館招待評議委員午
餐，我準時前往參加。席間由外交部長葉公超報告外
交，尤其對于馬歇爾出任美國防部長，各人見仁見智，
大有出入。總裁問申叔出國事，告以外交部已發給護
照，美國尚未簽證。總裁說他畫的好，我說送與總裁看
的畫是普通的，總裁如要何種畫，還可畫好點。總裁問
申叔年齡。答曰十八歲半。總裁曰是天才。于右任先生
近來公私都有虧欠，託我向總裁進言。總裁慨允幫助。

## 9月15日　星期五

陸軍總司令部政治部辦公室主任吳南山由鳳山來
見。據云孫總司令立人對上對下均未相處適宜，其原因
在左右幕僚無人才，實在可惜。孫本人吃苦耐勞，廉潔
自持，其優點地方很多。我告南山曰，孫經驗不夠，勢
所難免，但你們做政治工作的人，應該將該部大事必須
報告中央者，可以報告的，最好將大事化小，小事化
了，做到孫與中央水乳交溶，纔算你們做政治工作成
功。南山深以此說為然。寄嶠來云，陳行政院長辭修確
有倦勤之意，擬推我繼任院長。寄嶠當即答曰，禮老素
來表示不負政治實際責任，俾好保留他對總裁朋友地
位，以便遇到國家大事向總裁說話地步。這樣答復，切

合我心。當此國際形勢正在變化,及台灣內部尚屬安定之時,如辭修倦勤,院長繼承必定發生糾紛,影響內外視聽,實屬于政府不利。我認為應堅決慰留辭修,免為其難。

## 9 月 16 日　星期六

上午九時公祭張靜江先生,禮堂設在中央黨部,蔣總裁親臨主持,我等評議委員等一百餘人均參加。張氏忠于黨國,人人敬佩,假定人人都像張先生,則國民黨何致如此失敗耶。

## 9 月 17 日　星期日

老友何雪竹兄由香港來台北,午後來晤談。據云大陸困苦,中共勢將崩潰。

## 9 月 18 日　星期一

美軍陸戰隊于十五日晨在仁川港登陸,進展神速,直薄漢城。此一舉動使戰局改觀,北韓處境極劣,若無蘇俄與中共之軍援,則在南韓之十四萬北韓軍,將備美韓聯軍殲滅。果爾,北韓必定指責蘇俄,更影響蘇俄衛星國家對蘇俄之不信任與失望。第三次大戰是否爆發,面臨攤牌階段,其關鍵全繫于蘇俄與中共。

## 9 月 19 日　星期二

現在英美分化蘇俄、中共,爭取中共。蘇俄反對英美接近中共,掌握中共。因此此次聯合國大會,國民政

府應付比較困難，可能被人家犧牲。

## 9月20日　星期三

乘上午八時半車回台中，車中遇故友馬君武世兄馬
保之君。他留學外國習農業，現在農村復興委員會任技
正，此次來台中調查香蕉出品，以便出口。保之精明強
幹，亦是君武生前處世接物忠厚之結果。

## 9月21日　星期四

第五屆聯合國大會，今以壓倒多數，支持中國代表
團參加聯合國的權利，否決印度、蘇聯所提使北平共產
政權參加聯合國，及驅逐國民政府各項提案。該提案乃
以三十三票對十六票，大多數遭大會拒絕，十國棄權，
仍繼續承認國民政府為大會中中華民國唯一代表。這是
我政府在外交上所獲勝利，亦是國際形勢，大會不得不
如此也。

## 9月22日　星期五

台中近日氣候早晚很涼爽，中午自十二時至下午四
時較熱。就台灣一般情形看來，台灣氣候台中為最佳，
適于居住，尤其老人居佳。惟仁夫人心臟素弱，旬日前
心臟病復生，出冷汗、心慌，吃強心計乃止。日間應請
醫診治。

## 9月23日　星期六

今日未出門，在家休息。連日在家管教庸叔等，庸

叔讀書，在他弟兄中是聰敏的，他無重心，是他最大短處，因此亂說話，好出風頭，自以為是，隨時都可闖禍。這些毛病都是心地忠厚之故，可以使我稍慰者亦在于此，他如不改，則忠厚必變愚蠢，使人討厭。

## 9 月 24 日　星期日

昨夜腹瀉，臥眠不夠，今日精神不佳。立法委員劉贊周等來訪。據云立法院院長問題以及組織黨部問題大致解決，就是院長、副院長由總裁提名，黨部以二十人致三十人為一組，舉組長，該組長由中央派為改造委員。午後看蔣老太太，並訪陳果夫，他仍是臥床。劉波鳴來談安農公司事，彼此研究，因經費困難，不易繼續下去，決定下月初在台北招開理監事會，商討一切。

## 9 月 25 日　星期一

申叔今午由台北返台中過中秋節，他的身體近年來仍虛弱，妨害他的前途，可慮。台中市今日選舉市議會議員，我與惟仁、麗安親往投票。

## 9 月 26 日　星期二

一年一度中秋節今又到。回想昨年在廣州度中秋（陽曆九月卅日），當時尚有國軍二百五十萬，不久政府遷重慶，廣州淪陷，從此大陸瓦解。我們居此安靜寶島，何等幸福，但大陸秋風已起，落葉飄飄，轉眼間大雪紛紛，同胞正在輾轉、呻吟、啼饑、號寒、哀鳴。我們勿忘記他們，要同情他們、拯救他們，否則上帝不原

諒，必降大禍于我們。台中防守司令劉安琪夫婦來拜節，順談國際形勢，認為台灣當前可以確保。

## 9月27日　星期三

申叔午車回台北。美軍于昨日攻克韓國名城，南韓首都的漢城（回想中日甲午之役，亦係陰曆中秋節，我軍在韓國崩潰），使北韓軍數萬散在南韓各處無歸路，勢在全部被殲被俘。今後聯軍是否過三十八度追擊北韓軍，是一個值得研究問題，就美國業已動員，及在韓國戰事所付之代價，似不致至此罷手。或先用政治過卅八度，如不接受，再繼之以軍事。

## 9月28日　星期四

台灣生活程度過高，內地來台中產階級人，叫苦連天，從此以往，難以為生。

## 9月29日　星期五

劉司令安琪與我家係間壁近鄰，他夫婦八月中秋特來拜節，我與麗安特于今日上午到劉家回拜。國民大會代表陳固亭兄夫人，于昨年西北淪陷後逃往新疆，俟又輾轉經蘭州各處到香港，日前始到台灣，特來我家訪問。陳夫人以一女子帶男女幼小公子三人，安全到達台灣，令人可佩，而子女都有禮貌。我與李先良兄今日午後特到陳家慰問。

## 9 月 30 日　星期六

今日上午分別訪陳訪先諸兄。安理會通過本年十一月十五日後，邀請中共代表出席安理會會議，參加就所謂美國侵略台灣案的辯論。我國代表提反對案，並使用否決權，亦無效。雖然安理會如此通過，但亦不必過份重視，祗限于對控告美國侵台案臨時發言，絕不影響國民政府代表權益。

## 10 月 1 日　星期日

惟仁夫人今日六十晉七生日，七十多歲英士先生夫人，以及果夫夫人，以及蔣老太太都來為他祝禱，伯雄亦由台北趕來。惟仁夫人心臟素弱，身體日見衰像，我二人自廿三歲結婚以來，幫助我的地方太多，一生聽我的話，我十分感謝。

## 10 月 2 日　星期一

南韓軍奉令進入北韓追擊北韓敗軍，中共可能開韓參戰，反抗聯軍。據中共外長周恩來廣播說：「中國人民不能容忍侵略，如果帝國主義者侵略中國鄰國領土，中國人民不能坐視不顧。」又檢討中共外交政策稱：「中蘇友好條約，已在軍事、經濟、文化各方面團結兩國人民，蘇聯正與人民共和國以偉大與慷慨援助。」周以上說法，當然是蘇聯策動，若此，聯軍已面臨一威脅。查周恩來廣播與南韓軍越過卅八度，同是昨日發動，恐周廣播之先，尚不知南軍已越過卅八度，因此是否虛聲恫嚇，抑係真正軍援北韓，且看將來。美蘇兩國已到攤牌階段，隨時可以發生第三次大戰，至兩國之勝負，要看新武器之發明如何耳。

## 10 月 3 日　星期二

本擬在台中多休息，因劉波鳴經管黨營安農公司，日間在台北開理監事會。我是該會常務理事，劉親來兩次請我出席，故擬明日赴台北。

## 10月4日　星期三

偕伯雄乘中午車赴台北，此間連日落雨，氣候很涼，與台中大不相同，與人身體很不相宜。全台灣氣候以台中為第一，最適宜于修養。

## 10月5日　星期四

午後二時出席安徽農產公司董監會議，先由劉波鳴（和鼎）董事長報告公司情形，認為過去資本太少，現在還能保本，今後無法維持，萬難繼續下去。遂經董監事決議二個辦法：

甲、立即接束。

乙、公司太小，實無成立董監事會，請中央黨部派一場長接收農場可矣。

## 10月6日　星期五

中午端木鑄秋在喜臨門，招待我及安農公司董監事午餐。

## 10月7日　星期六

洪陸東先生因黨營事業興台公司為改造委員會限制營業，託我代為說項，他們不再繼續負責，不過在未解職之先，應準其變賣一部不必要物品，清理舊欠。同時說該公司既因未辦好，請改組，似可勿為已甚。我託李崇年將此意轉告改造委員會主辦此事陳漢平君。查在大陸時，黨營事業規模偉大，不可一世，今在台灣之事業，真如九牛一毛，何況內部意見紛歧。立法委員黃國

書來晤，他想謀立法院副院長，託我關照。現在競選立院正副院長者很多、很多。立法委員趙佩（德玉）一向在中央代表馬步芳的，此次由港來台，特來見。據云步芳幹部與步芳多不合作，發生種種意見，就是親信馬呈祥亦不以步芳為然。

## 10 月 8 日　星期日

徐君佩偕其夫人盧孰競來訪。徐是立法委員，盧是監察委員，他二人都是留美學生。吳三先生大姪女是君佩弟媳。

## 10 月 9 日　星期一

上午八時卅分到北投看寄嶠老太太。這位老太太已八十歲，身體強健，精神飽滿，聲音宏亮，毫無衰老氣象，當可活到一百歲。老太太兒孫滿堂，都受過教育，可稱福壽雙全。又在北投訪陳伯蘭兄，他夫婦堅留午飯，暢談革命歷史。以他精神與興趣，大可為黨國努力，可惜機會難逢耳。今日在陳家午餐，尚有國大代表謝鶴年、信和發經理馮伯誠、第六十三師師長莫福如、考試院考試委員黃麟書，以上四人都是伯蘭幹部。黃麟書新由香港來台，據云張發奎向人表示「反共、不反蔣、不擁蔣」，恐怕居住香港國民黨人，採這種態度何祗張氏，何況英美在港直接策動。因此反攻大陸，可能形成更分裂局面，軍人一時割據，社會一時混亂，欲求國家統一，必定流血，則人民苦矣。

## 10月10日　星期二

今日國慶，臺北市民十萬群眾盛大遊行。連日大雨，今日忽晴朗光明，勝利象徵。南韓軍已佔領北韓戰略重地之元山。駐越南法軍自高平撤退，曾遭越共圍攻。聯合國在韓國軍事轉敗為勝，而越局又趨嚴重，若無有力增援，法越軍必繼續戰敗，馬來亞受威脅。

## 10月11日　星期三

徐君佩夫婦招待午餐，在坐有端木鑄秋、金幼洲、夏濤聲、方希孔、陳訪先諸同鄉。

## 10月12日　星期四

今午十二時，蔣總統在台北賓館招待評議委員午餐，我準時前時前往參加。席間由張其昀秘書長報告黨務工作，及改組台灣省黨部，以倪文雅為主任委等。又研究美總統杜魯門與麥克爾瑟元帥於太平洋會晤與台灣之關係，都是推測，不能有準確判斷，因我國居被動地位。本晚六時卅分，行政院陳院長、張副院長在台北賓館邀宴改造委員、評議委員，到本人及于右任、何應欽等卅餘人。陳院長以從政黨員身份報告本年度施政情形，及明年施政計劃，謙請指教。于先生代表全體客人道謝，並表示欣佩。財政部長嚴家淦報告出席國際貨幣基金會議經過。嚴又云英、法係苟安政策，畏懼戰爭，美國社會並未注意嚴重國際形勢，乃注意享受。

## 10 月 13 日　星期五

　　陳伯蘭夫婦于本日上午十時約我與申叔遊覽碧潭，該處青山碧水，風景幽雅，又乘汽車到山中看瀑布。午後一時半回到碧潭鎮勵志社午餐，多是活魚鮮味。陳夫婦早經遊過，此次特別陪我們重遊，非常感謝。伯蘭雖年已六十，但體格強健，精神飽滿，非常人所能及。他從前主政廣東，對于各種建設頗有成績，尤其注意教育，現在兩個中學、一個大學在香港，深得民心，就政治方面說確有收穫。

## 10 月 14 日　星期六

### 看曇花專記

　　今日下午五時許，台北煙廠任廠長先志送來曇花一盆，計分二枝，其中一枝之葉上綴花苞一朵，其大如拳。據云此花為仙人掌科植物，係前日籍廠長所培植，迄今六、七年，去年秋初始首度開花，今年再度長成此花苞，依經驗測定，當于今晚開放等語。隨移置客廳，靜候觀賞，果于晚間七時半，在花苞尖端有一小圓孔，徐徐開大，十時半盛開，潔白如瑕，嬌豔欲滴，且顫抖不已，尤為稀奇。當時有任先志夫婦、白瑜及鄰居陳國琨夫婦、翁如新等在坐，即由任君一一攝影，以留紀念。十一時許，又有李崇夫婦、李子欣夫婦及沈達時夫婦等前來觀賞，至午夜十二時始散。余于一時就寢，花仍未卸。據伯雄云，于夜二時半起床查視時，花已下垂。曇花開放是在夜間，其開放時間僅四、五小時，養曇花的人往往忽略，致失之交臂。余以六十七歲第一次

觀賞曇花，殊感快意也。

## 10月15日　星期日

上午回拜黃季陸諸君。

## 10月16日　星期一

上午仍是回看朋友，及同鄉張慶楨等。午後馬木軒、徐鼎（健青）諸君來談。徐是青年有為之才。馬是渦陽世家，長于書畫，現任司法院秘書長。同鄉丁培鑫、金鏡人晚八時來見，他二人最近先後由皖來台。據云中共在大陸作風決難持久，而人民非常痛苦，士大夫無路可走。金係合肥人，向在安徽省銀行服務。丁係懷寧人，軍校第五期畢業。

## 10月17日　星期二

寄嶠日前赴台南參加海陸空三軍演習，今日歸來。據云軍事確有進步，聞之甚慰。又云孫立人仍表示消極，想我向總統進言。安徽人擬在台灣組織同鄉會，因意見太多，迄今組織不成。蓋同鄉會係聯絡感情，很多想利用同鄉會為政治武器，殊為不當。前次向此間社會處呈請組織同鄉會有三起，實在不成體統，嗣後有兩起撤回呈請。最近尚有一起招開同鄉會，選舉理、監事，我亦當選。近日很多同鄉要我出而負責，我因年老力衰，又因各人意見不易團結，所以向同鄉會辭去理事。

## 10 月 18 日　星期三

立法委員張慶楨、黃國書今日先後來見，他二人都想請蔣總裁提名，競選立法院副院長。慶楨皖滁縣人，先在東吳大學習經濟四年，再入東吳法科，再赴美國習法律，學有專長，確係法、經人才。國書台灣人，係客家，在暨南大學畢後留學日本，習陸軍砲科，回國後任軍職多年，現在台灣服務社會事業很多。如以法學而論，可以張慶楨為副院長，以台灣人而論，可以黃國書為副院長，何況逐鹿不止張、黃二人乎。

## 10 月 19 日　星期四

蔣老太太昨由台中來台北，今午後偕錢大鈞夫婦來訪。據云惟仁夫人近來身體不好，並發熱，我電台中詢問，熱度已退，惟血壓較高，殊為可慮。李中襄、王東原來訪。李認為中央分配改造委員、評議委員未能注意省區，殊為不當。

## 10 月 20 日　星期五

偕申叔訪汪心汾，他是汪心渠之胞弟。偕申叔遊覽元山植物園。中央銀行總裁俞鴻鈞來訪，談經濟、金融一般情形。俞又云已準備黃金一部份，為反攻大陸之用。

## 10 月 21 日　星期六

聯合國軍攻入北韓首都平壤城，同時美國傘兵隊在平壤北面降落，切斷韓共歸路。若中、蘇兩國不以實力

援助，則韓國戰事將告結束段落。最近法軍與越南共軍
作戰，法軍沿中越邊境遭重大失敗，高平等幾個重要據
點先後放棄。繼將法軍留駐七十八年軍事重鎮之諒山，
亦被放棄，軍事局勢非常嚴重。今後戰事轉移河內，海
防亦恐難以固守。蓋韓戰即將結束，越南法軍節節失
利，國際間對台灣地位更加重視，現在中共注意力在
韓、越兩方，台灣更為安全，但台灣在聯合國地位發生
問題，值得詳加研究。

## 10月22日　星期日

今日未出門，在家休息。

## 10月23日　星期一

上午九時出席中央紀念週。午後改造委員胡建中等
來暢談，他認為台灣各方面都有進步，惟民主作風尚不
能與美國民主配合，這是最吃虧的事。

## 10月24日　星期二

惟仁夫人身體不適，申叔今晨回台中省視。惟仁素
來心臟弱，最近血壓高，這是年老人應有之現象。中央
改造委員會改組台灣台省黨部，派倪文亞為主任委員，
派李友邦、鄒清之、王成章、馬有岳、項昌權、謝東
閔、林慎、張吉甫、周世光、林挺生、藍蔭洲、吳春晴
等為委員，本日（廿四）上午十一時，在中央黨部禮堂
舉行宣誓就職典禮，我們評議委員被邀參加，蔣總裁親
臨監誓，並訓話。

## 10 月 25 日　星期三

　　總統府參軍長劉士毅（任夫）今午來見，劉係李德鄰代總統時所任用的。據云李在美國居住沒有人理會，已到無聊階段，而在香港一般舊部生活艱苦，向他請求，他答復無法幫助，當然使一般舊部不滿云云。現在國內外對李觀感不佳，留美既無聊，回台、回港感困難，何以弄到如此地步，都是愚而好自用，咎由自取也，其遺誤國家，又豈能以一愚字可以寬恕乎。李個人無常識，又受一般小人包圍，現在擁護他小人亦不以他為然，應該大大覺悟了。

## 10 月 26 日　星期四

　　午後三時杭立武兄來晤談，認為第三次大戰短期間不致爆發，美國務院對中國仍不諒解，英國感情更壞。申叔午後由台中回台北，現已決定請汪醫生為之調養身體，然後再作出國打算。蓋身體為一切事業的基本，如身體不強健，就是學成回國，亦是無用的。

## 10 月 27 日　星期五

　　昨夜睡眠不安，今日精神十分不振。現在生活程度過高，我家用費太大，三個兒子都未成年，都已開始用錢，我又年老，常此下去，則生活前途真堪憂慮。

## 10 月 28 日　星期六

　　汪醫生介紹宋護士從今日起開始為申叔打針。據汪醫云，一定可以有效。立法委員李慶麐（號適生）安徽

人，美國伊立諾大學農業經濟學博士，任多年大學教授，新近由香港來台北。據云社會人心對國民黨觀感日漸好轉，香港尤顯而易見。

## 10 月 29 日　星期日

老朋友、老同志焦易堂先生患腸胃出血症，于昨日上午三時卅分病逝台灣大學附屬醫院，其遺體移極樂殯儀館，擬明日午後舉行大殮。我特于今日上午十時前往弔唁。焦先生係陝西武功人，享年七十一歲，子女甚多，均陷大陸，臨時僅夫人焦江定在旁。

## 10 月 30 日　星期一

中央直屬立法委員區黨部改造委員宣誓就職典禮，于今日上午九時在中央黨部禮堂與總理紀念週合併舉行，我前往參加。紛擾多時的立法院黨的問題，至此告一段落，甚盼今後立院國民黨人一致團結，萬勿再有派系之爭。午後三時參加焦先生大殮儀式，身後蕭條，使後死者感慨良多。張道藩兄本晚八時來訪，談陳果夫兄久病居台中，醫藥不便，擬移住台北。經研究結果，認為台北氣候與政治環境，對他是不相宜的，但為醫藥計，只好移台北。由道藩請示總裁，即可決定。

## 10 月 31 日　星期二

今日為蔣總裁六十晉四壽誕，我于上午九時至中央黨部參加祝壽儀式，並簽名祝壽。所有在台北中央執監委員，一律參加。美軍宣稱，已證明中共軍隊一個番號

在楚山南參戰。據郭寄嶠云，中共軍隊已有四個師早經參戰，但雙方都不願宣傳。這件事範圍可大可小，美國一向想拉攏中共，當可大覺大悟了。印度政府正式宣佈共軍十萬入西藏，距拉薩不足二百英里。印總理尼赫魯又恨又急，這是尼赫魯糊塗，上了人家大當。同時法軍在越南節節失敗，危局不易挽回，倘越南不守，則泰國、緬甸以及馬來亞都會動搖。就遠東共軍發展情形而論，戰事日漸擴大，民主國家的英美，對台灣陸十萬大軍更加重視，吾人要好自為之。

## 11月1日　星期三

中共北平電台廣播，協助北韓抵抗聯軍，並謂曾開會議決定與美作戰。同時韓共廣播，中共軍已開入陣地，如此等于對美宣戰。中共電台今天首次宣佈，中共部隊已于十月十九日佔領西康西部之昌都（查西昌乃滇、康、青、藏唯一戰略要地，今為共軍佔領，既可鞏固西南，又可控制青海），另路由青海黑河入藏，拉薩恐慌。預料十六歲西藏政教領袖達賴喇嘛將逃往印度，企圖在該處建立流亡政府。回憶民國廿九年達賴喇嘛舉行即位典禮，我代表政府親往主持該次典禮（我是廿八年冬由印度入藏，廿九年夏東返，往返共八個月），我與達賴有感情，甚為懷念。中共對韓、對藏態度既已明白宣佈用兵，有關遠東民主國家，尤其是印度總理尼赫魯，尚可掩耳盜鈴，裝聾作啞，一誤再誤，自欺欺人乎。韓戰已到中國邊境，中共軍援韓，既與聯軍作戰，再進一步，也就是美蘇接戰，也就是第三次大戰爆發。

## 11月2日　星期四

杜魯門總統遇刺未果，刺客一死一傷。這是美國很少有一件大事，美國社會不安，于此可見。

## 11月3日　星期五

乘上午八時半車回台中，車中遇戴安國世兄。他新組織民航公司，購飛機兩架，明年可以開航，如腳踏實地去做，定可由小及大的。

## 11月4日　星期六

　　聞十六歲達賴喇嘛已離拉薩，逃亡印度（未證實）。中共軍正分路向拉薩急進。

## 11月5日　星期日

　　陳市長來訪。據云台中市本年十二月間即將民選市長，政府曾經聲明現任市長不准競選，當即遵令宣佈放棄競選。嗣又要他競選，陳因宣佈在先，不能失信于後，仍然放棄。何政府舉棋不定有若是乎。李先良兄來晤，我勸他多看書，少說話，免是非。

## 11月6日　星期一

### 錄本年八月二日致庸叔一封信

庸叔覽：

　　廿八日上午來函閱悉。天地間做父親沒有不愛護兒女的，所以對兒女說話沒有絲毫保留的，下面的話，你要靜心詳細思慮。你是一個沒有重心的人（我常說如同皮球到處多滾），聽人播弄，遇事模仿，不知不覺做人家尾巴，人家對你還不滿意。人無重心，等于航行大海、飛行空中，無指南針是同樣危險的，因此你隨時隨地都可以闖禍，你應該從速做靜與定二字功夫。

　　你是皂白不分的人，不管是人家的事，還是自己的事，總是隨便亂鬧，人家好壞，你是不知道的。你太好自作聰敏，又驕傲，又招謠，你想想你有什麼本事，能以生存此大時代。

　　你們不要看不起阿姨，你們如其沒有他的話，則你

們苦頭吃不盡了，你們現在是黃金時代，不要得福不
覺，更不要得意忘形。

我家三本地圖不翼而飛，經數月之久找不出，這件
事體雖小，誠恐影響將來家中其他物品大宗遺失。你們
還要繼續找，如其被人家借去，追不回來，或搞壞，祇
要說明，我決不指責的。我是說老實話的，一個人不怕
過錯，祇要能改過認錯，人家可以諒解的，于自己亦是
進步的，如其隱瞞小過錯，必定養成將來大過錯。君
子與小人對于過錯不同者，君子改過認錯，小人隱過
瞞錯。

吾老矣，希望你們成一個社會上良善公民。我盡為
父的情理與責任，所說的話，你們高興聽也好，不高興
也好，是在你們自己之一念，我只求做到臨終五分鐘，
對你們無悔而已。我眼看不清楚，寫信很吃力，你要多
讀幾次，並要保存。

父啟

卅九、八、二午後

（時在台北）


## 11 月 7 日　星期二

白健生兄來電話云，現在國際大局有變化，請我到
台北面商一切。我因日前纔回台中休息，一時不想赴台
北，只得謝辭。麥克爾瑟元帥向聯合國提出拾餘件確實
證據，報告中國共軍在北韓參戰。這件事形勢嚴重，要
看聯合國如何決定。

## 11月8日　星期三

　　美國轟炸新義州，規模之大，可謂空前，該城變成火海。計出動 B29 七十九架、戰鬥機二百廿五架，投下燃燒彈八萬五千枚。此一轟炸足可表現美國威力，而無辜老百姓受戰禍的死傷，真正令人痛心。

## 11月9日　星期四

　　孫良翰偕許汝為世兄培之，今午由台中抵台北，轉汝為致我一函，約我赴香港一談。孫等飯後即回台北。我將汝為原函轉報蔣總統，茲將汝為來函錄後。


禮卿我兄台鑒：

　　島上風雲，秋高益屬，游目浩淼，久別在懷，邇為賢勞多勝，為企以慰。朝鮮戰起，東亞問題自應重視，晦鳴之感，諒有同情，亟盼命駕蒞港，俾得面商一切。如入港境手續，須由港代辦者，請先將簡歷、玉照各兩張，速付空郵，當可辦寄，以利專行。弟居尚無市囂，駕來下榻于此為便，佇待詳陳，毋任欽遲云云。

弟許崇智敬上<br>十一月二日


　　觀許氏以上函件，不知請我到香港用意何在。但就十一月五日許氏在香港與工商日報記者談話，略謂美蘇難免一戰，蘇聯必敗，大戰爆發後，中共必隨之失敗，領導大陸游擊隊人物，不久將來，必可產生。並舉例稱，西山會議以後，大部份之同志散集大陸、港九及台

灣者甚眾，不久將有一個組織出現云云。查西山會議，
于民國十四年，國民黨一部份老同志在北京西山中山先
生靈前舉行一次會議，後來這個會議成為反蔣集團。又
許、蔣兩氏于民國十四年不合作，許下野，迄今廿五
年，許氏從未參與政治。今許氏所說是否可成事實，很
難預定，如仍以西山會議為號招，不但思想太舊，益增
黨內糾紛。我是主張公道，不參加派系鬥爭者，既將許
函轉蔣，但看蔣之決定如何耳。

## 11 月 10 日　星期五

惟仁夫人今午車偕何景明赴台北，此次前往，主
要目的在醫病。他是血壓高、心藏弱，此皆年老應有之
現象。

## 11 月 11 日　星期六

上午偕麗安回訪李先良夫婦，並在李家遇見陳果夫
夫婦，陳氏身體較前康健。午後劉司令安琪來訪，暢
論國內外大勢。對于本黨前途顧慮很多，尤其認為用
人處事過于偏狹，是過去失敗最大原因，已成堅固習
慣，不易改革，這是將來困難與問題都發生于此偏狹
（就是狹窄）。

## 11 月 12 日　星期日

今日是庸叔陰十月初三日生日。現在各方面紛傳第
三勢力之活動，所謂第三勢力者，就是一部分國民黨與
一般民主人士，反對共產黨亦反對國民黨台灣，以及與

共產黨靠攏國民黨、民主人士，認為共產黨已無希望，
想來台灣又不可能，所以聯絡這類種種人士，即在香港
等處醞釀新的組織。將來前途如何，要看：（1）機會；
（2）外交；（3）人才，三種成就程度來決定的。假如
這三個條件俱備，而台灣又不善運用，他們或許有部分
成就之可能。

## 11月13日　星期一

白健生兄本日上午九時偕陳市長來訪，係普通拜訪
性質。白係昨日來台中參加中華國術進修會成立大會，
該會係白等發起成立者。白本日午後回台北。午後偕麗
安看電影。

## 11月14日　星期二

李立法委員永新世兄李忠（號恕之）本月十六日在
台中舉行婚禮，特來請我證婚。我又與李談邊疆事務，
應求各民族平等，過去中央對各民族已超過平等，其不
平等者，乃邊疆各軍閥以及王公，與夫宗教領袖等封建
舊習慣勢力妨礙平等。這是實在情形，希望李氏今後主
張真正平等，亦不准超過平等，則邊民幸福無量。李深
以為然。立法委員彭醇士兄來訪。

## 11月15日　星期三

近日來台中休息，身體甚好。從十三日起服維他命
B12，每日服一粒乃至二粒，就是有一日服一粒，有一
日服二粒。

## 11 月 16 日　星期四

台灣省黨部主任委員倪文亞兄，此次來台中視察黨務，今晨來訪。暢論內外形勢，認為台灣當前很平安，不要在政治上鬧出事來，對于港九第三勢力之活動，值得予以注意。又認為許汝為在港工商日報所發表的談話，很有技術，很有計劃，當然有人想利用他，當然對各方先有接洽，此事不可忽視云云。我于本九日將許汝為先生來函轉蔣總裁，頃得總統府機要室周主任宏濤來函云，茲已奉總裁親批「閱」等因。這件事蔣當然很難表示，我亦不敢惹此煩惱，假如許等得到美、英援助，甚至受到共黨利用，則對台灣將有所不利。這是神精過敏判斷，如有機會，擬向蔣說明此判斷。午後四時到鳳園酒家，為李永新兄世兄李忠（恕之）證婚。李係熱河蒙古人，新娘名劉濱如，東北海城人，劉父素在大連經商，頗甚資產。

## 11 月 17 日　星期五

美國空軍少將陳納德最近在美國發表談話，美國如每年予中國價值五億美元武器和裝備，以與中共作戰，遠較自身作戰為合算。美國與韓共作戰，已耗去一百億元，死傷三萬之眾。中共如獲得蘇俄剩餘武器，就可動員兩仟伍百人，進行長期消耗戰。

## 11 月 18 日　星期六

此間天氣溫和，我的體重增加，擬在此多住時日。

## 11 月 19 日　星期日

偕麗安晚間散步，適值月白風清，使人身心愉快。

## 11 月 20 日　星期一

接伯雄來信，蔣總統派第三局于十八日送來台幣伍仟元，深感盛意。

## 11 月 21 日　星期二

立法委員吳鑄人昨晚來晤，他在香港所辦輔人書院，因經費困難，託我請蔣總統幫忙。

## 11 月 22 日　星期三

許培之來信，問我何時赴台北。我今日擬復時間未定，俟有確期，再奉聞。

## 11 月 23 日　星期四

最近三日來，右眼突生變化，看書報時有小黑點，其形如大的蚊蟲，在右眼前圍擾，如看其他物件，其圍擾較淡。此皆年老人又加一新變化，是否服 B12 維他命不相宜，亦未可知，擬暫停服。

## 11 月 24 日　星期五

郭寄嶠今日與其夫人五十雙壽，上午九時通電話，為其祝壽，並祝他一切成功。

## 11 月 25 日　星期六

右眼前小黑點仍照常圍擾，擬請醫檢查。沈成章來訪，談他日昨遊覽獅頭山風景。沈之愛子（十歲）腦炎已數月，就一般人觀察，已絕望。我勸沈達觀，對國家、對家庭、對兒孫，一切盡心而已。

## 11 月 26 日　星期日

交通部長賀君山（衷寒）昨日來台中，今晨與劉司令安琪來訪。適老同志馬超俊偕駐軍師長莫福如（六十三師）、副師長黃錫彤亦來訪，大家一同廣泛談話。馬先生特提出許汝為先生在港發表談話事，我表示該談話末段提及西山會議一節，與將來黨的團結很有問題。賀部長將往日月潭遊覽。馬先生午車回台北，我到車站送行。劉波鳴、魏壽永、朱興良晚七時卅分來談，安農公司已奉中央黨部指示結束，其辦法保留公司名稱，其埔里附近農場，交由中央另行處理。

## 11 月 27 日　星期一

前在新疆同事民政廳長鄧鵬九兄上午來晤，他新由香港來台灣。據云港九紛傳東京美軍元帥麥克爾瑟曾派人到港，與徐汝為等有所接洽。所謂第三方面人事在港很多，政府應該派員與之聯絡。

## 11 月 28 日　星期二

今日收到許培之轉來汝為兄十一月廿二日由港來函，當即將此函託機要室主任周宏濤代為轉蔣總統，並

說許氏既連來兩函，擬即予以答復，至如何措詞，亦請
蔣總統指示。茲將汝為來函錄後。

禮卿我兄勛鑒：

　前由培之兒轉上一函，未見賜復。茲以韓戰日劇，
中共參戰亦以全面發動，本黨負國家民族重大責任，成
敗之機間不容髮，正宜群策群力，匡復乃有可期。我兄
翊贊中樞，諒多籌策，弟遠在海隅，當此群疑滿腹之
時，熱盼來港面商。請轉達介石弟後，速即命駕，俾得
詳定一切，立候電示。

　順頌

旅祺

弟許崇智敬上

十一月廿二日

（十一月廿八日上午收到）

## 11月29日　星期三

　聯軍總攻鴨綠江，挫敗後退，結束韓戰已沒有希
望，麥克爾瑟元帥宣稱已面臨危機（新戰局）云云。此
時聯軍可能：

（一）觸發第三次世界大戰。

（二）或從韓國退出。

（三）或從事妥洽。

## 11月30日　星期四

　我的右眼發生的黑影仍舊無進步，頃由劉司令安琪

介紹空軍醫院眼科主任劉鳳昌先生診治，並由防守司令部衛生人員訓練班軍醫監教育長王孔章先生，陪同劉鳳昌先生于午後五時親來我家，預為簡單檢查。據云生理硝子體溷濁，不是真正眼病，但患此症者甚多，劉醫生本人亦曾患此症。約定旬日後，再到空軍醫院放大童人，詳細檢查。此次到台中休息，全部時間都放在教訓庸、光兩兒。庸兒好動，很易招禍，對他們訓話有：「要知艱苦，懂情理，做一個攸久的平常人。平常者，中庸也，中庸者，重心也，就是致中和之道也。」

## 12 月 1 日　星期五

今晨八時卅分，駐台中八十七軍軍長朱致一來訪，他住家在我宅後面。昨年有名的舟山登步島戰役，就是朱軍長指揮作戰的，其功偉大。朱是江西人。李子寬、陳景陶兩居士今晨來訪，他二人因佛教會事由台北來台中。我送景陶長壽佛一尊。我在西藏所造新的佛象都已送人，此乃最後一尊，今偶贈景陶，可謂因緣湊合也。上午十時由沈醫生小姐陪我（麗安同去）到台中醫院，請該院眼科主任林醫生診治目疾，由該院秘書兼總務主任胡崢嶸先生任通譯。經林多方檢查，亦認為硝子體溷濁，原因過勞、強近視、白內障，須先經針治，預計每兩日打一針，要打卅針，對于右眼黑點仍無把握可以治好。我以為時間兩個月，且無好的把握，因此須從長研究。翁如新午後來晤，他說申叔近年精神甚好。

## 12 月 2 日　星期六

上午訪沈成章，他最近發寒熱，並在沈處遇見東北老將萬壽山。中共既參加韓戰，美軍失利，美國正在考慮用原子彈。如原子彈投到中國老百姓身上，真是大大不幸。

## 12 月 3 日　星期日

關于許汝為兄請我赴港事，我于上月廿八日將許第二次來函託周主任宏濤代呈蔣總統。本日得周復函，已請示總統，囑「不必理」等因。根本上許、蔣之間無合作可能，許想活動，又想得蔣諒解，但在香港報紙發表

談話，頗有自己再出山負責之意，對蔣的一段措詞亦欠
周道。如此情形，豈非自造矛盾乎。

## 12月4日　星期一

　　台灣籍行政院政務委員蔡培火（號峰山）今晨來
訪，他說台灣經濟是政府不顧信用與民爭利益，例如糖
業與肥料等等。蔡氏面目清秀，似一有道之士也。美軍
退出平壤，威信大失。西歐國家畏懼戰爭，恐蘇聯在亞
洲拖住美國，向歐洲觸發戰爭。英經理艾德禮昨晚飛
美，擬說服美總統杜魯門，避免與中共作戰。益以美國
準備須一九五二年春方能完成，而美朝野亦不願戰。至
蘇聯決策，軍事蠶食，政治滲透，亦不願發動第三次大
戰。因此妥洽空氣十分熱烈。果爾，與國民政府實多不
利。本日（四）午後訪陳果夫兄，他近來身體與精神都
較往日為強，他家將遷台北。

## 12月5日　星期二

　　老同志孫鏡亞先生日前過訪，今日上午特回拜。他
不久以前夫人去世，家境蕭條，生活維難，託我向蔣總
裁進言，予以接濟。鏡亞（號靖塵）江西人。今晨回拜
駐軍獨立第六十三師師長莫福如。莫赴台北開會，由莫
夫人出來招待。莫師長是陳伯蘭親戚，該師官兵多半是
廣東人。

## 12月6日　星期三

　　上午回拜前黑龍江主席萬福麟（壽山），萬年已

七十，身體強健。目疾仍無進步，奈何、奈何。

## 12 月 7 日　星期四

　　聯軍韓戰節節敗潰，不可收拾之勢，華盛頓紛起謠言，大多數人主張妥洽，就是退到卅八度南，求和平。中共得應與否尚不可知，聯軍祇求停戰，就是退出韓境，亦有接受可能。果如此，中共第二目標是日本，則于台灣形勢，亦隨之惡化。

## 12 月 8 日　星期五

　　伯雄來電話，惟仁老太太身體經國防醫學院檢查（用 X 光），腸、胃、肺、眼、耳等部門都健全，惟病在心臟衰弱，至血壓一百七十，但以六十七歲年老人，亦不為之高。又云申叔身體經醫生說明，較前大有進步，我聞之十分快慰。

## 12 月 9 日　星期六

　　從上月卅日起打賀爾蒙補針，計每二日打一針。據一般人云，此針于年老人身體最有益，姑且試之，以驗將來。昨夜睡眠不佳，今日精神不振。

## 12 月 10 日　星期日

　　美總統杜魯門、英總理艾德理此次會商結果，重歐輕亞，以亞洲空間換歐洲時間。其對中國申明大意如下：對中共入聯合國，雙方意見不一致，英贊成，美反對，由聯合國努力。對台灣各項問題，雙方意見一致，

應以和平方式，並應能保護台灣人民利益，並應維繫太
平洋和平與安全，認為此一問題，由聯合國加以考慮。
對韓國準備以談判方式，結束戰事。就這個申明觀察，
大有犧牲韓國、台灣之勢，于國民政府對對外形勢大大
不利。如中共入國聯，現在未承認中共國家，當然加以
承認，則國民政府實無以自處。

## 12月11日　星期一

今日陰十一月初三日，是馴叔生日。去年陰初三
日，他與林少宮接婚，今一週年，十分欣慰。我擬明日
赴台北，因久未與蔣總統見面，又因國際形勢變化，擬
與蔣晤談。

## 12月12日　星期二

乘中午十二時四十分車，午後五時到台北。

## 12月13日　星期三

交通銀行趙棣華兄在美國病故。趙是忠貞之士，尤
有操守。午後偕李崇年到台北趙府弔唁。偕申叔訪汪醫
生，據云申叔身體較前已進步。

## 12月14日　星期四

青年黨立法委員夏濤聲來訪。他說該黨領袖曾慕韓
現在美國，因經濟種種關係，想回台灣。因曾與我私人
交情甚篤，特託夏君詢我意見。答曰以慕韓身體以及現
時政治環境，回台是否適宜，尚須詳細考慮也。

## 12 月 15 日　星期五

今日係張溥泉先生逝世三週年紀念，上午九時在中
央黨部舉行紀念會，我準時前往參加。張先生為人正公
熱情。司法院副院長謝冠生兄午後四時來訪，彼此暢論
國內外形勢。前經濟部長劉航琛來訪。他因受監察院
檢舉，在經濟部任內有貪汙等事，經地方法院判決，有
一百五十元貪汙罪，判徒行一年，緩行二年，劉聲請覆
判。以劉之經濟狀況，何致貪汙一百五十元，真是滑稽
之至。此案初發時，頗為社會所注目，其中有關李代總
統時，劉付其美金十萬元，確有未當，這是此案政治關
鍵之所在。劉託我向當局疏解。

## 12 月 16 日　星期六

許培之、孫良翰來詢問，對汝為先生來信，轉蔣總
統否。答曰沒有。問我去港與否。答曰因發頭暈病，不
能前往。倪超凡偕陸心亘於本日上午來訪。倪是老軍統
局出身，現在辦理大陸遊擊隊，日間將赴香港。暢談
一般政治與遊擊情形，認為台灣應付，頗欠周密，將來
問題很好，如過去失敗作風不改，則前途如何，未可預
料。午後洪蘭友來訪，並談到前次許汝為兄致居覺生兄
函，擬來台灣。居託蘭友轉告蔣總裁，蔣囑勿理。洪又
云如何收拾大陸人心，政府毫不注意。

## 12 月 17 日　星期日

美總統布魯門昨日宣佈全國入緊急狀態，籲請全體
人民努力團結起來，儘速強化陸海空軍民防工作，應付

共產主義征服世界威脅，警告蘇俄不惜用武。這是美國
最嚴重措施。中共代表伍修權對韓境停戰提出條件，和
俄國一致，要求聯軍撤出韓國，並要求美軍撤出台灣，
和中共參加聯合國。這是中共露骨表示。伍修權並宣稱
即將離美返北平。就上兩項觀察，雙方愈走愈遠，韓國
戰事和平即無希望，從此繼續打下去，也就是第三次大
戰緒戰開始。

## 12月18日　星期一

午後訪居覺生兄，談汝為事，他亦不知汝為主張究
竟如何，認為汝為在香港前次報紙發表談話，亦有不當
之處。白健生來訪，談他墊借軍毯款項，請政府歸還，
業經軍政費審核小組會議通過分期發還，託我再向陳院
長辭修進言。

## 12月19日　星期二

過去兩旬打賀爾蒙補針，計每兩日打一針，已打拾
針，頗能增長精神。從今日起擬休息一個時間，再繼續
打。回看徐永昌兄，彼此認為教育之失敗是國民黨失敗
最大原因。又論現在教育子女之不易，家庭習慣良否，
足以影響子女，母教對于子女關係更為重要。

## 12月20日　星期三

今日午後回看凌鐵庵、謝慈舟，並訪何敬之、朱一
民諸君。

## 12 月 21 日　星期四

　　蔣總統今午十二時半在台北賓館招待評議委員午餐，我準時前往。席間談論立法院任期已滿，延期問題。以現在時局不能舉辦改選，延期又無法律根據，只得依據事實，用政治方法解決之。大致主張由行政院咨立法院，說明不能改選，再由總統下令延期。我說應由行政院、立法院負責，總統亦負責，乃是大家負責，不要由一人負責。餐後再與總統個別談話：

（一）談許汝為兄事，總統堅決主張不理。

（二）論廣東、廣西情形，必須多方聯絡，並告馬超俊主張孫科來台灣，鄒海濱關心廣東。

（三）論將來反攻大陸，在東南沿海與在廣州登陸之利害。

（四）關于申叔出國事，如有外交大員出國，將他帶往外國。


## 12 月 22 日　星期五

　　今日上午回看馬超俊諸友好。午間崇年來談，並留午餐。暢論經濟、金融將來之計劃，我決定從事生產事業。至午後四時方散。


## 12 月 23 日　星期六

　　國民大會代表于本日上午八時在師範學院禮堂集會，我是合肥國大代表，準時前往出席。在台國大代表一千一百十二人，本日出席有七百多人，並推我與張知本等十五人為主席團。開了一整天會議，決議關于動員

戡亂時期臨時條款規定，在本年十二月廿五日以前，照
集國大臨時會議的問題，「仍請政府通知內政部，會同
國民大會秘書處，切實調查各地代表人數，並依法遞補
缺額，如已足法定人數，即行集會。」同時決定對于立
法委員任期，「請政府依憲法辦理。」國大代表大多數
對政府過份重視立法，而且優待立法委員，對主持憲法
的國代則反是，頗為不平。

## 12月24日　星期日

午後六時應司法院秘書長馬壽華（木軒）晚餐，在
坐有徐次辰、浦儒等。

## 12月25日　星期一

午後六時至中山堂參加蔣總統招待在台國民大會代
表晚宴。總統演講，繼續調查各地國大代表人數，如足
法定人數，即集合。至政府對立法委員任期，因立法院
之職務不能一日中斷，政府惟不違背憲法精神之原則
下，採取權宜措施，妥慎辦理，俾能顧及事實，有利
國家。

## 12月26日　星期二

中午十二時參加安徽國大代表聚餐會，並推舉國大
代表聯誼會幹事，每一專員區推舉一人。推本人為幹事
會主任委員，堅辭未果，乃加推副主任數人，分負實際
辦事責負。最近二、三日時有胃病，自昨日起痔疾復
發，皆因氣候與飯食起居太過或失常之故也。

## 12 月 27 日　星期三

民主集團、共產集團愈走愈遠,中共既參加韓戰大勝,而聯軍節節後退,大有退出全韓之勢。美國即已動員,蘇聯節節壓迫,美蘇兩軍正式開火,決難避免。以現在形勢觀之,開火時間當在明年夏季,或提早,或稍遲,亦未可定。

## 12 月 28 日　星期四

午後四時到中心診所請林和鳴眼科醫生診目疾。經林檢查結果,與在台中劉鳳昌醫生檢查相同。主張用消極方法醫治,不贊成台中林醫生針治主張。當即代為配光眼鏡二付,一付用以遠視,一付用以看書,此兩鏡除配光外,計二百三十餘元。

## 12 月 29 日　星期五

張宗良兄上午來暢談,他認為過去國民黨失敗原因太多,現在改造委員會亦無進步,如此情形,國民黨可無疾而終。將來就是可能回師大陸,亦是頭緒多端,各自為政,統一除屬不易。他又說現在政府用人是用得寵的人,不是用得重的人,這是失敗根本原因。宗良中大畢業後留學英國,精明強幹。

## 12 月 30 日　星期六

交通銀行董事長、中國國民黨財務委員會副主任委員趙棣華先生在美國逝世,于本日上午九時卅分在極樂殯儀館舉行公祭,我準時前往參加。雲南省主席兼總司

令李彌（號炳仁）日前來台報告在雲南遊擊情形，今日上午來謁。此人精明強幹，有守有為，為當前不可多得之才。午後三時至溫廣彝家，主持第一次安徽國大代表聯誼會幹事會，推廣彝為幹事會秘書，定每月開會一次。我捐會費一百五十元，又捐一百五十元為將來安徽國大、立法、監察舉行聯歡茶會之用。

## 12月31日　星期日

台灣大學校長傅斯年先生日前逝世，本日在該校法學院禮堂舉行公祭。我于上午九時親往該院弔唁。

### 卅九年之回憶

今年寄跡台灣，未嘗離境，馬齒徒增，乏善足述，可以說什麼事都未做，亦無機會做，慚愧之至。現在大陸同胞輾轉呻吟，災害迭來，困苦不堪，而國際風雲則日趨險惡，共產、民主兩陣線冷戰已到最高峰，韓國戰事就是第三次世界大戰緒戰開始。至台灣孤島經一年之勵精圖治，尚能差強人意，得以平安渡過卅九年，惟經濟問題日漸嚴重，政治尤待改善。其最大原因，蓋為重人不重事，用寵人不用重人之故也。

余年雖六十又七（明晨六十八），精力尚存。今春風疹，秋冬眼疾，一時頗受困擾，尚無損於健康。今年家人均平安，申、庸、光三兒經一年全付精神之督教，亦較有進步。

上次回台中寓所住四十日，專為教訓庸、光兩兒。適值庸叔與學校當事人鬧意見，這是庸叔糊塗，無意識

之胡鬧，實在令我心痛。我對症下藥，親筆寫幾個大原
則，是教他們積極自處之道，並與說明黏在臥室內，要
他們早晚閱看。茲附錄于後。

（甲）在學校應注意的事件

　　　一、不要開除，須嚴守校規。

　　　二、不要記過，須遇事小心。

　　　三、不要挨打，須態度謙虛。

　　　四、不要不及格，須用功課程。

（乙）學問與生活之比較

　　　學問向上看：要與博學有道的人相比。

　　　生活向下看：要與貧苦無生的人相比。

（丙）警告

　　　養、衛已高到一百八十度，而後管，而後教，
　　　而後勸，而後求。現在是勸，希望不要到求，
　　　果到求亦不生效，則祇有各行其是而已矣。

（丁）認識現在，顧慮將來

　　　現在是黃金時代，有飯吃，有衣穿，有屋住，
　　　有書讀，有車坐，有人侍候，有人捧場。要想
　　　想，萬一沒有的時候，怎麼樣辦。

（戊）言語文字勿闖禍

　　　一言既出，駟馬難追。

　　　不要隨便胡說，要說一句算一句，以保信用，
　　　而免是非。

　　　一字入公門，九牛拔不出。

　　　不要隨筆亂寫，逞一時之快，而遺身敗名裂之
　　　大禍。

民國日記 66

# 吳忠信日記（1950）

The Diaries of Wu Chung-hsin, 1950

原　　著　吳忠信
主　　編　王文隆
總 編 輯　陳新林、呂芳上
執行編輯　李佳若
封面設計　陳新林
排　　版　溫心忻

出　　版　🛡 開源書局出版有限公司
　　　　　香港金鐘夏愨道 18 號海富中心
　　　　　1 座 26 樓 06 室
　　　　　TEL：+852-35860995

　　　　　🌼 民國歷史文化學社 有限公司
　　　　　10646 台北市大安區羅斯福路三段
　　　　　　　37 號 7 樓之 1
　　　　　TEL：+886-2-2369-6912
　　　　　FAX：+886-2-2369-6990

初版一刷　2021 年 5 月 20 日
定　　價　新台幣 350 元
　　　　　港　幣　90 元
　　　　　美　元　13 元
I S B N　978-986-5578-21-3
印　　刷　長達印刷有限公司
　　　　　台北市西園路二段 50 巷 4 弄 21 號
　　　　　TEL：+886-2-2304-0488

http://www.rchcs.com.tw

國家圖書館出版品預行編目 (CIP) 資料
吳忠信日記 (1950) = The diaries of Wu Chung-
hsin, 1950/ 吳忠信原著 . -- 初版 . -- 臺北市 : 民國
歷史文化學社有限公司 , 2021.05

　　面；　公分 . -- ( 民國日記 ; 66)

ISBN 978-986-5578-21-3 ( 平裝 )

1. 吳忠信　2. 傳記

782.887　　　　　　　　　　　　　110006149